非暴力主義の誕生

——武器を捨てた宗教改革

踊 共二
Tomoji Odori

岩波新書
2049

剣をとる者はみな、剣で滅びる。
——マタイによる福音書二六章五二節

はじめに――再洗礼派というマイノリティ

ノンレジスタンスの思想と実践

人類の歴史は戦争と暴力行為の操り返しであり、それは二一世紀のいまも変わらない。科学技術とりわけＡＩの進化は大量破壊の「スマート化」をもたらし、兵士たちを現場の重労働から解放しつつある。しかし、市街地の病院や学校で不意に砲火を浴びる民間人の受ける被害は一〇〇年前と変わらないか、いっそう増している。だれもが平和を望んでいるが、わたしたちの世界が戦争と暴力から自由になる可能性は開けていない。東欧・ロシア方面やパレスチナからは、悲痛に満ちた内容の報道が毎日のように届いている。

もちろん、平和の実現のために尽くす人たちがいなくなったわけではない。また歴史を振り返れば、戦争と暴力を退ける思想や信念を貫いた人たちもけっして少なくない。本書は、そうした人たちのうち、攻撃や迫害への反撃・自衛をいっさい行わないノンレジスタンス（無抵抗）の教えに従い、あらゆる暴力を避け、兵士になることを拒み、そのことで弾圧され、殉教と亡命を繰り返した宗教的マイノリティの歴史を追う試みである。そのマイノリティは「再洗礼派」と呼ばれている。本文で詳しく述べるように、彼らのなかで現代まで残っている主要な勢力はメノナイトとアーミッシュである。その他、別系統のフッター派もごく小さな集団として北米の地で生き延びている。本書のおもな考察対象はメノナイトとアーミッシュであるが、それは歴史的な記録の豊富さゆえに彼らの思想形成の過程をしっかりとらえることができるからである。ただしフッター派についても可能なかぎり言及するつもりである。

戦争に対するアンチテーゼとしての「平和主義」や社会正義の実現を目的とした「非暴力的抵抗」の英雄たちとは違い、再洗礼派は「無抵抗主義者」であり、しばしば非社会的で閉鎖的なセクトの烙印を押されてきた。しかし筆者には、非暴力の真正性と持続性において彼らを凌駕する思想と実践を人類の長い歴史のなかに見つけだすことができない。

仏教と同じく紀元前六世紀ごろに生まれたジャイナ教は徹底した「不殺生」を特徴とするが、その教えには一種の二重倫理があり、最高の徳を追求する出家者のレベルに届かない一般信徒には、支配者に仕えて兵士となり、戦場で敵兵を殺害することも許されていた。仏教徒も同じである。もちろん一般的なキリスト教の多数派も戦争を否定していない。むしろ「正戦」や「聖戦」を支持してきた長い歴史がある。

ただし、ローマ帝国による公認以前の古代キリスト教会の指導者たちは信徒が兵士になることを認めていなかった。三世紀のアレクサンドリアの神学者オリゲネスがその典型例である。

イエス・キリストは次のように教えている。「平和をつくり出す人たちは、さいわいである」「悪人に手向かうな。もし、だれかがあなたの右の頬を打つなら、ほかの頬をも向けてやりなさい」「敵を愛し、迫害する者のために祈れ」「剣をとる者はみな、剣で滅びる」と（マタイによる福音書五章九・三九・四四節、二六章五二節。本書における聖書からの引用はすべて日本聖書協会発行の『聖書 口語訳』による。引用文中の〔 〕は引用者による注である）。

再洗礼派は新約聖書に記されたイエスの教え（絶対倫理）に忠実であろうとする教派である（本書では「教派」と「宗派」を交換可能な概念として用いるが、前者は近現代史において多用されている）。彼らの信仰上の実践の模範は、迫害者たちの罪を赦し、彼らのために祈りながら十字架につけられたイエス自身である。また彼らは、「だれでもわたしについてきたいと思うなら、自分を捨て、自分の十字架を負うて、わたしに従ってきなさい。自分の命を救おうと思う者はそれを失い、わたしのために自分の命を失う者は、それを見いだすであろう」（マタイによる福音書一六章二四・二五節）というイエスの呼びかけに応えようとしてきた。この聖書の箇所は再洗礼派に殉教の死を覚悟させ、「悪人」による攻撃や迫害に対する無抵抗の意志を強めさせていた。もちろん再洗礼派は、旧約聖書の時代にモーセに与えられた十戒の第六戒すなわち「あなたは殺してはならない」（出エジプト記二〇章一三節）も胸に刻んでいた。

再洗礼派は、これから詳しく述べるとおり、ヨーロッパの宗教改革の時代すなわち一六世紀にスイスやドイツ、オランダで生まれた。その名の由来は、「信じてバプテスマを受ける者は救われる」(マルコによる福音書一六章一六節)というイエスの教えを忠実に守るために、信仰を表明(告白)することのできる成人だけにバプテスマ(洗礼)を施したことにある。言い換えれば、中世ヨーロッパにおいて一般的であった「幼児洗礼」を認めないことにある。一方、政治と社会へのインパクトの観点からみれば、再洗礼派の最大の歴史的功績は、いわゆる良心的兵役拒否者(コンシェンシャス・オブジェクター/CO)の権利を欧米諸国の為政者たちに認めさせ、宗教的良心にもとづいて敵国の兵士や民間人の命を奪う任務につかない人たちの存在を「合法化」する道を他のいくつかの少数派とともに切り拓いたことにある。これには宗教改革時代にさかのぼる長い前史があり、一朝一夕に実現したことではない。

再洗礼派の非暴力主義は、ノンレジスタンスという一般には受け入れにくい原則ゆえに、たとえばガンディー(一八六九―一九四八年)の思想と実践よりはるかに徹底していた。ガンディーの非暴力的なレジスタンスはレジスタンスであるかぎり相手を圧迫し、場合によっては苦痛を与えるものである。レジスタンスは本質的に暴力性を宿している。一方、ノンレジスタンスはそうではない。それは何かの政治的目標(たとえば国家の独立)とセットになってはおらず、非暴力自体が目的であり、信念ないし信仰の実践の一部だからである。

再洗礼派の主翼——メノナイトとアーミッシュ

メノナイトは諸派に分かれているが、現在、世界各国あわせて二〇〇万人以上の信徒を擁している。彼らは海外伝道に積極的であり、二一世紀においては欧米諸国よりアジア・アフリカ諸国の信徒数のほうが多くなっている。アーミッシュは第1章で述べるように一七世紀末にメノナイトから分かれたスイス系の厳格派であるが、彼らは伝道をしないため、エスニックマイノリティーの性格を残しながら、おもに北米で暮らしている。その数は出生数の多さゆえに増えており、およそ四〇万人である。

アーミッシュのなかにはメノナイトの保守派と近い関係にあるグループも存在し、区別が難しい場合もある。アーミッシュは文明の利器を選択的にしか使わず、馬車（ホース&バギー）をおもな移動手段とし、屋内に公共の電気や電話を引かず、現世（俗世）との距離を可視化するために一八世紀から一九世紀にかけてデザインされた単色の古風な手製の衣服をまとっている。男性は白か青のシャツ、黒い上着とズボン、サスペンダー、麦わら帽子か黒いフェルトハット（後者は冬季およびフォーマルな催し用）、長い顎髭（口髭は生やさない）が特徴である。彼らの上着にはボタンではなくホックが使われている。ボタンは口髭と同じく軍人を思わせるからである。ここには暴力と戦争に対する彼らの考えが反映されている。女性は青や紫のロングワンピース、エプロン、白か黒のキャップ（白は既婚者用、黒は独身者用）、または黒のボンネットを着用し、ボタンの代わりにピンを使う。ボタンは指輪やイヤリングと同じく華美で世俗的と見なされているからである。アーミッシュの服装は謙遜と従順を求める聖書の教えに従ったものである。

彼らは隔週日曜日の礼拝に出るときの身だしなみにはとくに気を遣う。礼拝の場所は信徒たちが交替で提供する自宅の大型の納屋や広間である。大半のアーミッシュは教会堂や集会所をもたない。これは完全な非暴力・無抵抗を説く異端者として迫害された時代に民家や野外で礼拝を行っていた歴史の名残であると同時に、聖書(たとえば使徒行伝一、二章)に出てくる信徒の「家の教会」の継承でもある(アーミッシュほど厳格でないメノナイトは簡素な集会所ないし教会堂を建てる)。礼拝では男女が別々の場所にすわり、長い讃美歌を歌い、祈り、複数の説教を聴く。約三時間の礼拝はドイツ語で行われる。ひとつの教会(共同体)は二〇―四〇家族から成り、人口が増えると移住によって枝分かれする。その結果、広域的な連合体(アフィリエーション)が生まれる。同じ連合体に属する複数のアーミッシュ教会は礼拝のやり方から服装まで定めた教会規則(オルドヌング)を共有する場合が多い。

アーミッシュの生活は農場や家庭菜園、製材所や建設現場、小売店などでの仕事、大家族の維持のための家事、育児、礼拝、宗教書を用いた家庭学習などに多くの時間を費やすため、大人だけでなく年少者も忙しく、学校教育は最低限でよいとされている。アーミッシュの社会では一般的に第八学年(日本の中学二年生相当)までしか学校教育は行われておらず、一九七二年の連邦最高裁判所の判決により、各州の求める通常の義務教育制度とは異なる教育を行うことが許されている。具体的には、第九学年以降は家庭学習、職業訓練、自習式の語学教育（ドイツ語）、短期間のスクーリングなどで代替されている。教師役は両親や教会関係者である。通常の義務教育の回避は子どもの権利を奪っているとの外部からの批判は根強い。アーミッシュの青年のうち洗礼を受けずに自発的にコミュニティーを去る約一割の人たちは、一般社会で暮らすためにまず高卒資格（GED）を取得することから始めねばならない（離脱者の割合は地域によって異なる）。

アーミッシュ教会はビショップと呼ばれる監督（主任牧師）、ビショップ候補者である複数のミニスター（牧師）、信徒の日常生活の支援と教会の会計を担うディーコン（執事）によって運営されている。彼らは、第1章で述べるように、聖書の教えと教会規則に反した行動をとる信徒への戒告と破門をとりしきる。メノナイトとアーミッシュの信仰と実践の宗教的淵源は新約聖書にあり、彼らは聖書主義者を自認している。その点で彼らは、ルターやツヴィングリの宗教改革が生んだプロテスタントの流れに掉さしている。しかし聖書の内容はきわめて多様であり、暴力や戦争に関しても、相反する解釈を可能にするいくつもの章句がある。

旧約聖書を援用する教会人たちによれば、「わたしは立って彼らを攻め、バビロンからその名と、残れる者、その子と孫とを断ち滅ぼす」（イザヤ書一四章二二節）と「万軍の主」（神）は語っており、その精神は新約聖書にも受け継がれている。また新約聖書には「剣」の役割を端的に肯定していると読める箇所もある。権力者は「いたずらに剣を帯びているのではない。彼は神の僕であって、悪事を行う者に対しては、怒りをもって報いる」(ローマ人への手紙一三章四節)と書いてあるのである。さらにイエス自身、「地上に平和をもたらすために、わたしがきたと思うな。平和ではなく、つるぎを投げ込むためにきたのである」(マタイによる福音書一〇章三四節)と弟子たちに告げている。加えてイエスは、イェルサレムの神殿で店を開く両替商の金を散らし、テーブルをひっくり返す「宮清め」を行った(ヨハネによる福音書二章一五・一六節)。イエスは「実力行使」の人であった。また彼は、神の国の晩餐の譬え話のなかで、「この家(天国)がいっぱいになるように、人々を無理やりにひっぱってきなさい」(ルカによる福音書一四章二三節)と語った。

聖書のこれらの箇所は、中世のカトリック教会や近世のプロテスタント教会による強制改宗や異端・異分子の教化・根絶の論拠となってきた。四世紀から五世紀にかけて活躍した教父アウグスティヌスによれば、たしかにイエスは「敵を愛せ」と命じたが、それは信徒たちの「内面」に関することであり、彼らが兵士となって戦場に赴いたときには「敵を愛しながら殺す」ことができる。こうした戦争肯定論は、正統派ないし多数派の教会によって近現代まで継承されている。

このような聖書解釈に対して再洗礼派も独自の聖書解釈で対抗してきた。解釈というより特定の聖書の教えを強調する「選択と集中」である。それはマタイによる福音書五—七章の「山上の説教」に代表されるイエスの教えの核心部分(と彼らが理解する箇所)への集中である。先に引用した「悪人に手向かうな」という戒めは、その一部である。いずれにしても、再洗礼派のノンレジスタントな非暴力主義は、彼らが独自に形成したものであった。もっとも、その過程で深刻な意見の対立や分裂、脱落が起きていたことも確認しておかなければならない。

徴兵制とわたしたち

岩波新書には「良心的兵役拒否」を扱った本が複数ある。筆者が感化を受けたのは、阿部知二の『良心的兵役拒否の思想』(一九六九年)と稲垣真美の『兵役を拒否した日本人——灯台社の戦時下抵抗』(一九七二年)である。両著とも宗教的信念にもとづいて兵役を拒み、軍法会議にかけられ、上官や獄吏による激しい暴力の標的になった人たちの記録である。とくに阿部の書物は、再洗礼派やクエーカーはもとより、ロシア起原のドゥホボール派、アメリカ起原のエホバの証人(灯台社)、日本の無教会主義者にも目を配り、トルストイ(一八二八—一九一〇年)やガンディーをとりあげ、かつ著名な文学者や哲学者、社会主義者たちの反戦思想・平和主義についても論じている。

これらの書物を読むなかで筆者が知ったのは、「反戦」「平和」「非暴力」「無抵抗」などの概念が思想家・実践家によってまちまちであり、定義が不明確な場合が多いこと、そして個人や組織の立場が時代の経過とともに変化したり正反対になったりすることである。平和主義者や非暴力主義者には思想面・心情面での「転向」「変節」ないし「進化」を経験した人たちが相当数いるのである。

本書は、一般的な反戦思想や平和主義を幅広く扱うものではない。新約聖書からノンレジスタンスの原理を引き出し、いっさいの暴力を拒んだ人たちの歴史的な歩みに照準をあわせたものである。こうした絞り込みを行う理由は、彼らの思想と実践が数世紀にわたってほかのどのタイプの平和主義や反戦論よりも原理的・徹底的な問いを同時代の社会と政治に投げかけ、応答を迫ってきたからである。ただし、再洗礼派と別系統の非暴力主義・平和主義との接触、融合の諸相についても、必要に応じて検討する。また欧米だけでなく日本の事例にも目を向ける。とくに第7章は、メノナイト・アーミッシュと日本人の出会いにも言及している。

ところで、韓国やイスラエル、スイスなどとは違い、現在の日本には徴兵制はない。しかし、世界の随所で起きている武力衝突を思えば、わたしたちは戦争と暴力と平和の問題を深く考えないわけにはいかない。いま日本人の多くは、自衛のための「正戦」を肯定しているように思える。若者たちのなかには、軍隊に志願し、銃を携え、勇気をふりしぼって出撃する覚悟を固めている人たちがいるかもしれない。政府見解によれば徴兵制は日本国憲法一八条の禁じる「苦役」にあたり、ハイテク化とプロ集団の存在ゆえに導入の必要はないとされるが、これをくつがえして導入をはかる勢力が多数派になる可能性はゼロではない。二〇二四年五月、当時のイギリス首相スナクは、保守党が継続して政権を担う場合は一九六〇年に廃止した徴兵制を事実上復活させ、兵役もしくは社会奉仕を義務づける「ナショナル・サービス」を導入する方針を明らかにしていた（ハイテク化とプロ集団の存在についてはイギリスも同じであろうが）。この方針については、ある世論調査によると、回答者の三九パーセントが賛成だったという。人によっては、若いイギリス人にいっそうの「公共心」をもってほしいという期待があったのであろう。

わたしたちは少なくとも、もし徴兵制が導入されたら自分はどうするか、家族に何を求めるか、考えておく必要がある。そのさいには、歴史をふりかえり、意図的に身体を傷つけて徴兵検査で不合格になった人たちや、失踪して山中に隠れた人たちや、真正面から兵士になることを拒否して刑罰に服した人たちがいたことを学んでおくことにも価値があるだろう。

おそらく現代の多くの日本人のあいだには、いわば肌感覚に近い反戦平和の心情が根づいているように思える。毎年、八月六日と九日、そして一五日がめぐってくるたびにそう感じる。『兵役を拒否した日本人』の著者である稲垣真美は、日本国憲法第九条は「国を挙げての兵役拒否」だと述べている。この本が書かれてから半世紀以上が過ぎたいまも反戦平和の肌感覚が保たれているから、九条改正の議論は抑えられているのかもしれない。しかし、国際情勢の緊迫化の度合いがいっそう高まれば、その議論は急速に進む可能性もある。

本書は一六世紀から二一世紀までのメノナイトとアーミッシュによる兵役拒否の表明、逮捕、投獄、説得、拷問、有罪判決、処刑あるいは追放から逃走、潜伏、亡命まで、ノンレジスタンスの立場をとった人たちのさまざまな体験を各種の歴史的資料を用いて具体的に再現している。ノンレジスタンスの代償はしばしば、自分自身や同胞・家族の死や離散である。

ノンレジスタンスの立場は、おそらく人間の本能ないし根源的欲動に反しており、何か非常識な、馬鹿げた態度のように感じられるかもしれない。しかし、この立場が一定の歴史的役割を果たしてきたことはまぎれもない事実である。そのことだけでも読者に伝えることができれば、本書の目的は遂げられると考えたい。

目次

終　章　ノンレジスタンスの限界と可能性 …… 185

第1章

複数の宗教改革

スイス再洗礼派誕生の場所(チューリヒ市内のノイシュタットガッセ). この通りにあったフェーリクス・マンツの母の家で1525年1月21日に最初の成人洗礼が行われた

ケーニヒスベルク
プロイセン
ダンツィヒ
エルビング
リューベック
メクレンブルク
ブランデンブルク
ベルリン
ワルシャワ
ヴィッテンベルク
ポーランド
ザクセン
シュレージエン
ヴィスワ川
クラクフ
テューリンゲン
エルベ川
プラハ
ボヘミア
ニュルンベルク
モラヴィア
ブリュン
アンスバハ
レーゲンスブルク
ニコルスブルク
ハンガリー
アウクスブルク
ウィーン
バイエルン
オーストリア
ドナウ川
ザルツブルク
インスブルック
シュタイアーマルク
オスマン帝国領
ティロル
ケルンテン

ヨーロッパにおける再洗礼派の分布（1550年ごろ）

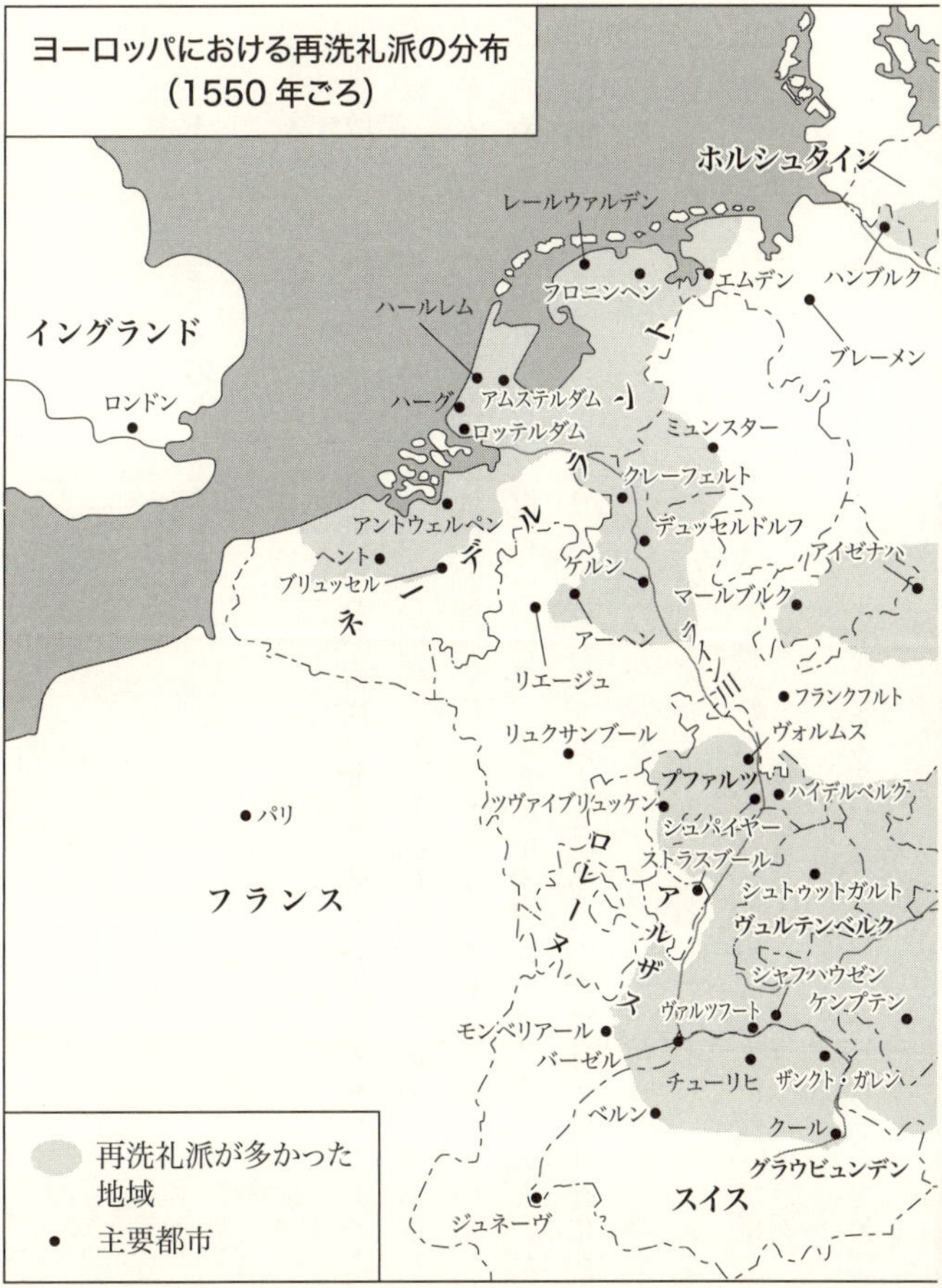

1　中世までのキリスト教

古代教父の「正戦」論

宗教改革は中世のキリスト教を否定し、古代の教会の姿を回復する運動であった。古代の教会とは、新約聖書に記された使徒および信徒たちの共同体のことである。彼らはパレスチナのユダヤ人とローマ帝国支配下の地中海地域に住むギリシア人やローマ人のあいだに新しい信仰をひろめた。紀元一世紀から三世紀にかけて、貧しい民衆だけでなく貴族のあいだにもキリスト教は根をおろした。古代のキリスト教会は、暴力と戦争に関しては新約聖書に記されたイエスの教えに忠実であり、「はじめに」で述べたとおり、オリゲネスはキリスト教徒が軍人になることを認めていなかった。そのほか、ユスティノス、エイレナイオス、テルトゥリアヌス、キプリアヌス、ラクタンティヌスなどの教父たちもキリスト教徒は人を殺してはならないと説いていた。

大きな変化が起きたのは、コンスタンティヌス帝が三一三年にキリスト教を公認し、すでに名前をあげた教父、北アフリカのヒッポの司教アウグスティヌスが「正しい戦争」(正戦)があると説いたときのことである。広大なローマ帝国の統治に必要な軍事力を確保するには、数を増すキリスト教徒を動員する必要があった。北方のゲルマン人の侵入に対処するためにも、兵力を確保しなければならなかった。ローマ帝国は古代ギリシアの哲学者アリストテレスにさかのぼる正戦論の伝統を受け継いでおり、ローマ法も正当な理由のある戦争を当然のこととしていた。キリスト教はこれを倫理面で補強したと言える。一一世紀にカトリック教会と袂を分かった東方のギリシア正教会には西ヨーロッパで発達したような正戦論は欠けているが、皇帝が教会の頂点に位置する正教世界では皇帝が行う戦争に聖職者たちは全面的に賛成し、戦勝のために祈らなければならなかった。

「聖戦」の時代へ

西ヨーロッパにおける正戦論の集大成は一三世紀の神学者トマス・アクィナスによって行われた。トマスは戦時においても正義が保たれることを求め、戦場での残虐行為を非難し、暴力はあくまで最後の手段だと述べている。カトリック教会にとって求めるべきはあくまで平和であった。西ヨーロッパでは一〇世紀末に「神の平和」と呼ばれる聖職者たちの運動が起きたが、それは日曜日や祝日に戦闘を行わない「休戦」の呼びかけを含んでいた。一二世紀にはカトリック教会の指導的な聖職者たちが集う公会議においても、しばしばこうした平和の提案が行われている。カトリック教会は、「悪を避けて善を行い、平和を求めて、これを追え」(ペテロの第一の手紙三章一一節)という教えを忘れてはいなかった。ただしローマ教皇が呼びかける異教徒や異端との戦いは、たんに正しいだけではない「聖戦」と理解されるようになる。その契機は、一〇九五年にローマ教皇ウルバヌス二世が聖地イェルサレムをイスラム教徒の支配から解放する戦いを呼びかけたことにある(第一回十字軍)。十字軍に参加した戦士たちは、戦うことが自分の犯した罪の償いになる(すなわち「贖宥《しょくゆう》」が与えられる)と約束されていた。異端の処刑も宗教的に意義のある行為とされた。肉体の死は魂の死を意味せず、罪を犯させる肉体の消滅は魂の救いの可能性を開くものと信じられていたからである。西ヨーロッパ世界は一六世紀に宗教改革と宗教戦争の時代に突入し、対立する諸宗派は互いに互いを異端と呼び、打倒と根絶をはかったが、その背景には中世に確立していた「正戦」と「聖戦」の観念があった。

2　ルターとドイツ宗教改革

「信仰のみ」「恩恵のみ」

アウグスティヌス隠修士会士でヴィッテンベルク大学教授のマルティン・ルター(一四八三―

一五四六年)が歴史の表舞台に登場したのは「九十五か条の論題」(一五一七年)の発表によってである。この文書は、いわゆる贖宥状の効力(これを購入すれば遠方への巡礼や断食と同じく罪の償いの業として認められ、魂の救いに役立つとされた)を否定し、資金を得るためにその販売を許すローマ教皇の姿勢を厳しく批判したものである。この態度表明こそ宗教改革の起点とされている。そのころルターはすでに「信仰のみ」「恩恵のみ」の確信を抱いていたという。神の「恩恵」と人間の「善き業」の緊張関係は、キリスト教の長い歴史のなかでしばしば論争や対立の原因となり、多くの場所と時代において、「恩恵」の絶大さへの無条件の信頼(信仰)こそキリスト教の本質だと説く勢力と、人間の側の信仰の「実践」も必要不可欠だと教える勢力が存在していた。中世後期以降、後者の立場はルネサンスのヒューマニズムのなかで称揚された「自由意思」の哲学とも結びついていた。この場合、自由意思とは、人間がみずから主体的に悪(罪)を退けて善を選ぶ精神の力を意味する。これを擁護するロッテルダムのエラスムス(一四六六ごろ―一五三六年)に対し、ルターは『奴隷意思論』(一五二五年)を書いて人間の意思を「罪の奴隷」と呼んで激しく拒絶した。

ただしエラスムスは人間の自由意思による信仰実践の質の低下を強く批判しており、その点ではルターと同じく「改革」を求めていた。中世後期以降、善き業は形式主義に陥っていた。かたちだけの断食や巡礼、寄進や贖宥状の購入が常態化していたのである。それはペストの大流行と社会的動乱によって死の恐怖におびえる人たちが「即効性」のある手だてを求めていたからだとされる。そしてそこには商取引にも似た金銭の授受が伴った。天国に直行できずに「煉獄」で苦しむ死者の魂を救うための祈り(死者ミサ)は有償であり、善き業に数えられる祭壇・聖画像の奉献、教会堂の改装・新築も多額の費用を必要とした。もちろん「贖宥状」も売り物であった。その代表例こそ、ローマ教皇レオ一〇世がドミニコ会士テッツェルにドイツで販売させた「全贖宥」の刷り物である。それはあらゆる罪の償いを免除する証明書とされた。ルターの「九十五か条の論題」は、これに対する強い抗議であった。

政治化する宗教改革

ルターの改革運動は、彼をヴィッテンベルク大学に招いたザクセン選帝侯フリードリヒ三世(賢侯)によって支持され、この君主の政治力によって領邦規模で新しい教会を創始する道が開かれた。当時の神聖ローマ帝国(ドイツ)には三〇〇以上の領邦国家があり、それらを治める君主たちは一国の王のような存在であった。神聖ローマ皇帝は彼らにとって上級君主であったが、皇帝に絶対的な権力はなかった。

一五二一年、教皇レオ一〇世はルターを破門し、神聖ローマ皇帝(ドイツ王)カール五世はヴォルムス帝国議会にルターを召喚して自説の撤回を求めたが、ルターは自己の「良心」にもとづいてこれを拒否した（一五二一年）。同議会はルター派を禁止し、ルターに「帝国追放刑」（ヴォルムス勅令）を適用したが、選帝侯はルターを保護しつづけた。ルターはヴァルトブルク城にかくまわれ、聖書のドイツ語訳にとりくんだ（新約聖書の翻訳の完成は一五二二年である）。この聖書の特徴は、エラスムスによる『校訂新約聖書』（一五一六年初版）のギリシア語テキストを用い、カトリックのラテン語訳より原典に忠実であろうとした点にある（当時カトリック教会が用いていたラテン語訳は三世紀にヒエロニムスが完成させた「共通の聖書」を意味するウルガタ聖書である）。ただしルターは機械的な翻訳を行ったわけではない。たとえば彼は、「人が義とされるのは、律法の行いによるのではなく、信仰によるのである」というローマ人への手紙三章二八節のパウロの言葉の意味を明確化すべく、「信仰」（グラウベ）という名詞に「のみ」（アライン）という副詞を添えている。原文にはない単語だが、それはあらねばならないとルターは考えたのであった。

図 1-1　宗教改革 500 年祭（2017 年 10 月 31 日）に沸くヴィッテンベルクのマルクト広場．19 世紀に建立された巨大なルター像が町を見守る

加工される聖書

ルターの宗教改革のもうひとつの大原則は「聖書のみ」であり、ルターは聖書主義の代表者とみなされている。ただし、厳密にいえばルターは新しい「聖書解釈」の導入者であった。このことは、たとえば彼が正典性を疑っていたヤコブの手紙を新約聖書のうしろのほうに移し、それまでの聖書とは異なる配列にしたことからもわかる。ルターは聖書に加工を施したのである(ヤコブの手紙はウルガタ聖書ではパウロの手紙とペテロの手紙・ヨハネの手紙のあいだにあった)。ヤコブの手紙は救いにおける「行い」の必要性を力説しており、そこには「信仰のみ」の立場を危うくさせる要素があった。そのためルターは、まず読者に「信仰のみ」を強調するパウロの手紙を読ませ、「信仰こそ勝利の力」だと宣言するヨハネの第一の手紙(五章四節)にも目を通させたうえで、ヤコブの説く「行い」を「信仰」に従属させ、その帰結(実り)と位置づけることができるように工夫したのである。なお、行いではなく信仰こそ人が神の前に正しいと認められ、救いに導かれるというルターの教えは「信仰義認論」と呼ばれる。これに対して行い(善き業)を救いの条件とするカトリックの教えは「行為義認論」と名づけられている。

「信仰」と「行い」

以下、ヤコブが何を主張しているか、再洗礼派の聖書理解とも深く関係するので、やや長くなるが引用しておきたい。「ある人が自分には信仰があると称していても、もし行いがなかったら、なんの役に立つか。その信仰は彼を救うことができるか。ある兄弟または姉妹が裸でいて、その日の食物にもこと欠いている場合、あなたがたのうち、だれかが、「安らかに行きなさい。暖まって、食べ飽きなさい」と言うだけで、そのからだに必要なものを何ひとつ与えなかったとしたら、なんの役に立つか。信仰も、それと同様に、行いを伴わなければ、それだけでは死んだものである。しかし、「ある人には信仰があり、またほかの人には行いがある」と言う者があろう。それなら、行いのないあなたの信仰なるものを見せてほしい。そうしたら、わたしの行いによって信仰を見せてあげよう。あなたは、神はただひとりであると信じているのか。それは結構である。悪霊どもでさえ、信じておののいている。ああ、愚かな人よ。行いを伴わない信仰のむなしいことを知りたいのか。わたしたちの父祖アブラハムは、その子イサクを祭壇にささげた時、行いによって義とされたのではなかったか」(ヤコブの手紙二章一四―二一節)。

急進派の台頭とドイツ農民戦争

ルターがヴァルトブルク城にいるあいだ、ヴィッテンベルクではアンドレアス・ボーデンシユタイン・フォン・カールシュタットらの急進派が教会改革を加速させ、パンとブドウ酒の両方を用いた聖餐式を導入し、偶像崇拝を誘発する教会内の聖画像を破壊していた。パンとブドウ酒の聖餐(カトリック用語を使えばミサ聖祭のさいの聖体拝領)は伝統的に聖職者だけで行われ、信徒にはパンだけが与えられていたから、宗教改革は一種の民主化を伴っていた。それは聖職者や修道士の特権を否定するルターの「万人祭司主義」の帰結であった。しかし選帝侯はカールシュタットの急進性に疑問を抱き、一五二二年にルターを呼び戻した。帰還したルターは聖画像破壊をやめさせ、信徒たちの内面が偶像崇拝から解放されるように働きかけることが重要だと説いた。

このころルターの書物や絵入りのパンフレット類がドイツ中に出まわっていた。とくに『キリスト者の自由』(一五二〇年)は大反響を呼んだ。そして当時のドイツ人のなかには、ルターの教えを悪政への抵抗や社会正義の実現に応用する動きも広がっていった。ドイツ農民戦争(一五二四—二五年)は明らかに宗教改革思想の刺激を受けていた。一五二五年に西南ドイツで編まれた「十二か条の要求」には、聖書的な万人の自由・平等の原理にもとづく農奴制の廃止、教区共同体による牧師の選出と十分の一税(教会税)の管理など、民衆的な宗教改革の要求が記されていた。そこにはルターの教えと重なる要素があった。しかし、もともとルターは「臣民」の抵抗運動に否定的であり、諸侯たちに反乱軍の鎮圧を求めた。ルターにとってキリスト者は霊的には神以外のだれにも服従しない自由を有するが、現世の秩序を守るべく神がたてた権力には従わなければならない。ローマ人への手紙一三章にもとづくこの思想は「二王国論」と呼ばれる。ここには人間の「原罪」すなわちアダムとエバが堕落して以来、すべての人間が背負っている罪およびそれに起因する現世の諸悪に関するルターの悲観的認識（一種の性悪説）が反映されている。

ドイツ農民戦争は、貨幣経済の急速な浸透に伴って旧来の固定的な地代では十分な収入を得られなくなった領主層が新税を導入し、農奴制を再強化した結果としてドイツ各地で起きた歴史的な大事件であったが、諸侯の連携によって鎮圧され、一〇万人の農民が命を落とした。ルターは当時、ドイツ農民は悪魔にそそのかされて暴徒化したと考え、領主たちがそのような連中を無慈悲に打ち殺すのは正しいことだと説いていた。

プロテスタント教会の整備

ザクセンをはじめとするルター派領邦では諸侯主導の宗教改革が着々と進んでいた。修道院の廃止と財産接収、これを財源とした公的な救貧制度の創設、地方の牧師たちを統制する巡察制度の導入などである。やがて領邦の教会を統括する行政官庁としての宗務局が設置され、国家教会（領邦教会）体制が整うことになる。

一五二六年、カール五世(スペイン王としてはカルロス一世)はイタリア支配をめぐるフランス王および教皇との争い(イタリア戦争)やオスマン帝国の軍事的脅威ゆえにルター派諸侯にも支援を求めざるをえなくなり、一五二一年のルター派禁止令を一時凍結し、宥和を試みた。しかしイタリア戦争が皇帝側に有利な展開をみせると、一五二九年、ふたたびルター派を禁止する。これを機に宗教改革派の諸侯はこれに対して「プロテスタティオー」(抗議)を行う。これを機に宗教改革派は「プロテスタント」と呼ばれるようになった。

3 ツヴィングリとスイス宗教改革

同盟国家スイス

現在のスイスはドイツ語、フランス語、イタリア語、ロマンシュ語(イタリア語に近い地方言語)を国語としているが、当時はドイツ語圏の一三邦が盟約を結んで同盟国家(盟約者団)を形成していた。一三邦のなかには、チューリヒやベルンのように都市が周辺の農村地帯を支配するタイプの都市邦(都市国家)がある一方、ウーリやシュヴィーツのように都市のない農村邦(農村国家)もあった。都市邦の場合は首都の市長、農村邦の場合は中心村落の村長が最上位の権力者であった。彼らは参事会と呼ばれる会議体の意見を聴きながら統治を行った。スイス諸邦は形式上、神聖ローマ帝国に属していたが、一五世紀末からはほぼ独立的に内政と外交の権限を行使していた。一三邦を「主権邦」と呼ぶのはそのためである。ただしスイスには「主権邦」が保護下に置く「従属邦」(準州)もあった。一六世紀以降ベルンとチューリヒが保護したジュネーヴが代表例である。従属邦は同盟国家の意思決定に参画できなかったが、内政面では自律的であった。一方、当時のスイスには主権邦が代官を派遣して統治する「共同支配地」もあり、そうした地域の住民の権利は弱かった。このことは、都市邦が単独で統治する周辺農村(都市領)にもあてはまる。

ツヴィングリの共同体的宗教改革──ルターとの相違と共通点

スイスではルターとは異なる性格の宗教改革が起きた。その牽引役はスイス東部、トッゲンブルクの農村出身でありながら都市チューリヒのカトリック教会(グロースミュンスター聖堂)の司祭の地位を得たフルドリヒ・ツヴィングリ(一四八四―一五三一年)である。ツヴィングリはエラスムス流の人文主義者であったが、聖書主義に立ち、権力者と手を携えて改革を推進した点ではルターと変わらない。ツヴィングリはルターの著作を読んでおり、中世カトリック教会への批判を共有していた。しかしツヴィングリの改革にはスイスの村落と都市が育んだ共和的・共同体的な精神が反映されており、改革の進め方もルターとはかなり違っていた。ツヴィングリはチューリヒ市参事会が主催する公開討論会(一五二三年)の場で改革の諸方針を打ち出し、反対派も招いて議論を行っている。

ツヴィングリとルターのあいだには神学面の違いもあった。たとえばツヴィングリはカトリック教会が求める善き業をルターと同じように批判したが、信仰によって個人の生活と社会のあり方が変わり、漸進的に「聖化」が起きるべきだと説いた。この点でツヴィングリの宗教改革は個々人の道徳的改善をめざす運動(道徳改革)であり、見方によってはルターが全面否定した「行い」による救い(行為義認)の要素さえ感じさせるものであった。言い換えれば、そこには一種ピューリタン的な厳格さがあった。ツヴィングリの道徳改革の推進装置は一五二五年に設けられた婚姻(道徳)裁判所である。聖職者の独身性と修道院の廃止はルター主義と同じだが、教会から聖画像を撤去した点はカールシュタットのような急進派の路線に近い(当初はオルガンも撤去の対象であった)。このことは後述する再洗礼派とも共通している。

ところでツヴィングリは、都市チューリヒ支配下の農村地帯で起きた農民騒擾のさい、農奴制を廃止する提案を市当局(市参事会)に対して行い、これをかなりの範囲で実現させていた(一五二五年)。それはルター派の支配地域とはまったく異なる展開である。ルターとツヴィングリの違いは神学面とりわけ聖餐論にもみられた。ルターによれば、最後の晩餐のさいにキリストは卓上のパンとブドウ酒を自身の体と血「である」と語ったから(マタイによる福音書二六章二六

―二八節)、キリストの体と血は聖餐において現に存在する(現在説)。一方ツヴィングリは「である」を「意味する」「象徴する」と解釈した(象徴説)。この対立はプロテスタントの連携を妨げる原因のひとつになる。

もちろん、ツヴィングリとルターのあいだには一致点もあった。たとえば「幼児洗礼」の擁護である。聖書には先述のように「信じてバプテスマを受ける者は救われる」(マルコによる福音書一六章一六節)と書いてあるが、ツヴィングリもルターも「信じる」ことのできるはずがない幼児(嬰児)に洗礼を施す古い慣行を維持した。彼らによれば、幼児洗礼を禁じる言葉は聖書にはみいだせず、教会と両親・親族が幼子を良き信徒に育てる環境が整備されているキリスト教社会において、これを廃止する積極的な理由はどこにもない。しかも理性が育ってから教理問答教育が施され、信仰の確認すなわち「堅信」が行われれば、聖書の教えとの矛盾はない。ツヴィングリは、旧約聖書時代のユダヤ教の「割礼」にとって代わったのが幼児洗礼であるとも述べていた。また当時の幼児洗礼には住民登録と同じ役割があり、それは為政者にとっても秩序維持に不可欠の制度であった。

剣を手にしたツヴィングリ

チューリヒに始まる宗教改革はやがてスイス各地の都市と農村に波及していった。ただしス

図 1–2　チューリヒ市内のツヴィングリ像．右手に抱いた聖書を左手の剣で守ろうとしている

イス中央部の諸邦にみられるようにカトリックにとどまった地域も多い。スイスの宗教改革陣営はルター派とは区別され、「ツヴィングリ派」ないし「改革派」と呼ばれた。宗教改革はスイス一三邦の団結を妨げる要因となり、一五二九年と三一年には内戦（二回のカッペル戦争）が起きる。その結果、各主権邦はそれぞれカトリックか改革派のいずれかを選択することになった。ただし両派併存地域もあった。

一五三一年、ツヴィングリは従軍牧師としてカッペルの戦場で命を落とした。そのときツヴィングリは、あたかも戦士のように鉄兜をかぶり、剣を携えていた。カッペル戦争は彼にとって「正しい戦争」であり、改革派の戦士たちが信仰上の敵を殺害するのも当然のことであった。聖書には「からだを殺しても、魂を殺すことのできない者どもを恐れるな。むしろ、からだも魂も地獄で滅ぼす力のあるかたを恐れなさい」（マタイによる福音書一〇章二八節）と書いてある。ツヴィングリは「からだ」が殺されることに何の恐れも抱いてはいなかった。だからこそ敵の

「からだ」を殺すことにもためらいはなかったのである。どれほど聖書が「剣」の使用を諫め、「悪人に手向かう」ことを禁じ、「敵を愛する」ことを命じていても、ルターやツヴィングリのような武闘派の改革者たちにとっては、それらとは別の聖書の言葉の数々によって戦争という究極の暴力を正当化することができたのである。

4　再洗礼派の誕生

信じる者へのバプテスマ

ツヴィングリの宗教改革は、ルターの場合と同じく急進派の突き上げに苦しめられていた。チューリヒにおいてはコンラート・グレーベルとフェーリクス・マンツが急進派のリーダーであった。彼らは当初、ツヴィングリの聖書研究会に出入りし、宗教改革を熱烈に支持していた。二人とも知識層に属していた。グレーベルは市参事会の議席や農村部の代官職を与えられるような名家(門閥)に生まれたエリートであり、マンツは聖職者(聖堂参事会員)の庶子であった。彼らは自ら聖書を読み、研究を深めるにつれ、改革の不徹底さを痛感するようになった。ツヴィングリが都市当局および有力市民のあいだに残っていた改革反対派を過度に刺激しないように漸進的な改革の方針をとったことも急進派の反感を買っていた。グレーベルらは、聖書的根拠のない幼児洗礼を即座に廃止し、成人洗礼を導入して「信じてバプテスマを」受けた人たちの新しい教会をつくるべきであると主張した。ただし急進派にもさまざまなタイプの活動家がおり、農村部で教区民による牧師選出や十分の一税納入停止の運動を支援する元カトリック司祭ヴィルヘルム・ロイブリンのような民衆運動家もいた。

グレーベルを中心とするチューリヒの急進派は、一五二五年一月二一日、マンツの母親の家に集まり、信仰を確かめあって互いに洗礼を施した。彼らは幼児洗礼を受けた人たちであるから、この成人洗礼は事実上の「再洗礼」であった。ただしグレーベルやマンツは幼児洗礼を正しい洗礼とは認めていなかったから、彼らにとってそれは最初で最後の真の洗礼であった。マンツの家の集会には、スイス東部、グラウビュンデンからやってきた元カトリック司祭イェルク・ブラウロックも参加していた。このことは、その後の再洗礼派運動の広がりを予感させるものであった。

再洗礼派の宗教改革または一五二五年の宗教改革

やがて再洗礼派はカトリック教会からも正統派(多数派)のプロテスタント教会からも異端扱いされることになるが、その運動は明らかに一六世紀の宗教改革の歴史のけっして小さくない構成要素であった。そのため筆者は、これを「再洗礼派の宗教改革」または「一五二五年の宗教改革」と呼びたい。「グレーベルの宗教改革」もありうるが、彼はルターやツヴィングリ、カルヴァンのようなカリスマ的指導者ではなかった。再洗礼派運動は同志的な結びつきによって連帯した地域的なリーダーたちが討論や書簡のやりとりを行いながら展開したものであり、リーダーのなかには元カトリック聖職者だけでなく一般信徒も数多く含まれていた。再洗礼派の教会の大半は自発的な結社であり、参加は個人の自由な選択に委ねられていた。そのため住民を自動的に所属させる国家教会(ステートチャーチ)との対比で自由教会(フリーチャーチ)と呼ばれることもある。

チューリヒの再洗礼派は成人洗礼を実行に移した後、都市権力と結びついた改革派教会の礼拝を忌避し、個人の家や野外で集会を開いた。なお再洗礼派(ドイツ語でヴィーダートイファー)という名称は、取り締まる側がつけた蔑称に由来する。現在では「再」を意味するヴィーダーを削ってトイファーとするのが一般的である(彼らの末裔たちもこの呼称を用いており、それは一六世紀の史料にすでに登場する)。一方、ヴィーダートイファーの英訳であるアナバプテストという用語については、「再」を意味する「アナ」を残したまま当事者たち自身が使っている。バプテスト派との混同を避ける必要もあるからである。日本の西洋史学においては英語式に「再」をつけたままにするケースが一般的であるから、本書もその例にならっている。

破門と赦しの道徳改革

再洗礼派はツヴィングリ派以上に道徳改革に情熱を注ぎ、戒告と破門を実践して共同体の純化をめざした。ツヴィングリの教会は破門を実施しなかったから、再洗礼派はそれを悪のはびこる場所とみなした。破門はカトリック教会が行ってきたことであるから、再洗礼派はこの点ではカトリックに近いとも言えるが、直接の根拠は聖書の言葉である。すなわちマタイによる福音書にイエスの教えとして次のように記されている。「もしあなたの兄弟が罪を犯すなら、行って、彼とふたりだけの所で忠告しなさい。もし聞いてくれたら、あなたの兄弟を得たことになる。もし聞いてくれないなら、ほかにひとりふたりを、一緒に連れて行きなさい。それは、ふたりまたは三人の証人の口によって、すべてのことがらが確かめられるためである。もし彼らの言うことを聞かないなら、教会に申し出なさい。もし教会の言うことも聞かないなら、その人を異邦人または取税人同様に扱いなさい」と(マタイによる福音書一八章一五―一七節)。再洗礼派はこれを日常的に実践したのであった。異邦人や取税人と同じように扱うとは、教会の交わりから排除することを意味する。ただし被破門者は罪を悔いる告白を行えば赦され、ふたたび教会に迎え入れられた。これは何度も繰り返される場合もあった。赦しは「七たびを七十倍するまで」とイエスが教えているからである(マタイによる福音書一八章二二節)。カトリック教会においてそれは告解(告白)と赦し(赦罪)の神聖な儀式(秘跡)であるが、再洗礼派の場合は信徒間の相互的な愛の規律である。

「弟子の道」を歩む

プロテスタントの国家教会の聖職者たちはしばしば再洗礼派の厳格主義を批判し、カトリック教徒と同じように善き業による救いを追い求めていると糾弾したが、再洗礼派の自覚においては虚心に聖書の教えに従っているだけであった。聖書には隣人に対して「空腹のときに食べさせ、かわいていたときに飲ませ、旅人であったときに宿を貸し、裸であったときに着せ、病気のときに見舞い、獄にいたときに尋ね」るという具体的な慈しみの業が真実の信仰の実践として示されている(マタイによる福音書二五章三五・三六節)。このことにカトリックとプロテスタントの違いはないと再洗礼派は考えていた。さらに彼らは、やはり聖書に従って「しみも、しわも、そのたぐいのものがいっさいなく、清くて傷のない栄光の姿の教会」(エペソ人への手紙五章二七節)の実現を求めた。

再洗礼派は聖書に記されたパウロ的な「信仰義認」の教えを受け入れていたが、それと同時に信仰にとって善き業は不可欠だと理解していた。彼らにとってヤコブの手紙は非常に重要であった。善き業(とりわけ慈しみの業)を可能にするのは神の「恩恵」に助けられた人間の「自由意思」である。再洗礼派の神学ないし人間観は、つまるところルターよりエラスムスに近かった。再洗礼派はイエスに従う「弟子の道」を強調したが、それは一五世紀以降ヨーロッパ各地でひろく読まれたトマス・ア・ケンピスの『キリストに倣いて』の精神すなわち中世後期の「新しい敬虔」(デヴォティオ・モデルナ)の影響がみられると指摘する論者もいる。「新しい敬虔」を担ったのは、聖職者だけでなく意識の高い信徒たちである。彼らはキリストとその弟子たちを模範として祈りと奉仕(救貧、看護、年少者の教育など)の生活を送った。その中心地はオランダにあった。

運動の拡大と武力の問題

一五二〇年代後半以降、再洗礼派の教えはシャフハウゼンやザンクト・ガレン、ベルン、バーゼルなどの都市部および農村部にも伝えられた。指導者たちの一部は、ドイツ南部の都市ヴァルツフートやアウクスブルク、フランス東部のアルザス地方の都市ストラスブールなどにいた別系統の再洗礼派とも交流していた(アルザスは三十年戦争終結時すなわち一六四八年までは神聖ローマ帝国の一部であり、ドイツ語ではエルザスという。ストラスブールのドイツ名はシュトラースブルクである)。再洗礼派はヨーロッパの複数の場所で同時発生的に生まれたとされるが、それぞれ影響関係があった。なかでもスイス系再洗礼派の存在感は非常に大きかった。

スイスに近いライン河畔のヴァルツフートでは、前述のロイブリンから成人洗礼を受けた宗教改革者バルタザル・フープマイアーの指導下、都市全体が再洗礼派の教えに従った(一五二五年)。フープマイアーは改革のために剣をとることも辞さない武力肯定派であった。チューリヒにも彼に賛同する急進派がいた。ノンレジスタンスの路線が主流になるのは、一五二七年、シュヴァルツヴァルトのベネディクト会修道院ザンクト・ペーターを脱出した元修道士ミヒャエル・ザトラー(一四九〇ごろ—一五二七年)がスイスに来てからである。

「シュライトハイム信仰告白」——現世からの分離

ザトラーはシャフハウゼンの農村で「シュライトハイム信仰告白」を編み、聖書を根拠として成人洗礼の正当性を説くとともに、剣(暴力)の放棄、官職と宣誓(誓約)の拒否、悪魔の支配下にある「現世」と再洗礼派教会の分離、放逐(破門)による共同体の純化を呼びかけた。キリストは「わたしの国はこの世のものではない」(ヨハネによる福音書一八章三六節)と弟子たちに告げた。パウロは「不信者と、つり合わないくびきを共に

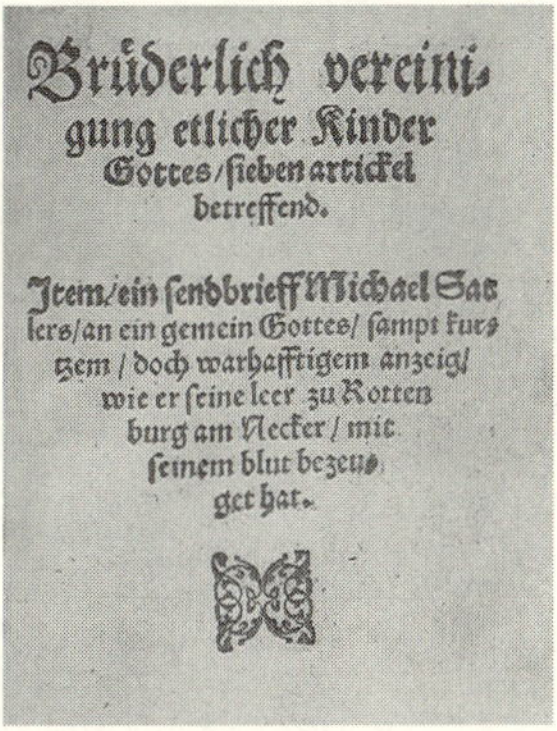
Brüderlich vereini-
gung etlicher Kinder
Gottes/ſieben artickel
betreffend.

Item/ein ſendbrieff Michael Sat-
lers/an ein gemein Gottes/ ſampt kur-
tzem / doch warhafftigem anzeig/
wie er ſeine leer zu Rotten
burg am Necker / mit
ſeinem blut bezeu-
get hat.

図1–3　「シュライトハイム信仰告白」(1527年). 現世の悪を避け，ノンレジスタンスを貫くべきであると説かれている

するな。義と不義となんの係わりがあるか。光とやみとなんの交わりがあるか。キリストとベリアル(悪魔)となんの調和があるか。信仰と不信仰となんの関係があるか」(コリント人への第二の手紙六章一四・一五節)と述べている。だから教会は現世的なるものから切り離されていなければならない。権力の一翼を担うことは許されない。悪を罰する為政者の役割は神が定めたものだが、それはキリストを信じる者の仕事ではない。「悪人に手向かうな」とイエスは命じている。キリストの弟子たろうとする人は軍隊に入って他人に暴力をふるうことはできない。裁判官・刑吏・獄吏・門番・畑番になることもできない。判決や法の執行によって人を傷つける可能性があるからである。イエスは「いっさい誓ってはならない」「あなたがたの言葉は、ただ、しかり、しかり、否、否、であるべきだ」(マタイによる福音書五章三四・三七節)とも命じているから、封建領主や都市参事会に対する忠誠誓約や法廷での宣誓も不可である。ザトラーの立場は、無抵抗分離主義(ノンレジスタント・セパラティズム)と呼ばれる。このザトラーの発想の源には中世の修道制の理想があるとの解釈もなされている。ただし「シュライトハイム信仰告白」のめざす信仰のあり方は、スイス内外に広がる再洗礼派運動の全体に及んでいたわけではなく、現世との分離の程度は地域によってまちまちであった。

フッター派の形成と亡命の旅

再洗礼派は追放や処刑の憂き目にあったが、リヒテンシュタイン家が支配するモラヴィア(チェコ)の都市ニコルスブルク(ミクロフ)のように再洗礼派を保護した土地もある。モラヴィアでは一五三〇年代にティロル出身のヤーコプ・フッター(帽子製造工)を指導者とする再洗礼派コロニーが随所に形成され、一六世紀後半、組織化が順調に進んだ「黄金期」には二万人の信徒がいたとされる。スイスの再洗礼派も相当数フッター派に加わっている。フッター派の特徴は財産共有と農業・手工業の集団化である。その生活様式は初代教会の姿を再現するものであった。聖書には「信者たちはみな一緒にいて、いっさいの物を共有にし、資産や持ち物を売っては、必要に応じてみんなの者に分け与えた」と書いてある(使徒行伝二章四四・四五節)。フッター派は亡命のための移住を繰り返し、モラヴィアからハンガリー、ルーマニア、ロシア南部(ウクライナ方面)を経て現在はカナダとアメリカ北西部に住んでいる。その人口は約四万人とされるが、財産共有と集団生活をやめたグループもある。

スイス再洗礼派の動き――フランス東部、ドイツ西南部へ

ベルンやジュラの山岳地帯、アルザス地方(フランス東部)やプファルツ地方(ドイツ西南部)に潜伏して生き延びたスイス再洗礼派は、制度としての財産共有を導入せず、共同金庫を設けて孤児や病人、貧しい寡婦を助け、投獄された仲間たちを見舞って食べ物や衣服を届けていた。

信徒数は正確にはわかっていないが、ベルン農村部を中心とした山岳地帯には二〇〇〇人から三〇〇〇人が潜伏していたとされる。スイス西部とアルザス地方は距離的に近く、アルザスにはスイス系再洗礼派の住む村が点在していた。相互の訪問もさかんであり、山道を行く亡命ルートが存在していた。

メノナイトの出現——北ドイツとオランダ

再洗礼派運動の拠点はスイスや西南ドイツだけでなく、北ドイツと低地地方にも生まれた。その出発点は、西南ドイツの都市シュヴェービッシュ・ハル出身のメルヒオル・ホフマンという俗人説教者(毛皮工)が北ドイツ一帯を旅し、独特の教えを広めたことにある。彼は最初ルターとツヴィングリの影響下にあったが、やがて終末論に傾倒し、ストラスブールで再洗礼派となり、各地を旅して多くの人々に成人洗礼を施した。その過程で再洗礼派は一五三〇年代にはオランダのアムステルダムに出現する。そうしたなか、アムステルダムから遠くない都市ハールレム出身のヤン・マティス(製パン工)とその弟子ヤン・ファン・ライデン(仕立工)が千年王国の到来を説いてまわる。その実現の場所は、オランダと境を接するドイツ西部、ヴェストファーレン地方の都市ミュンスターだと予言された。その結果、北ドイツとオランダから多くの再洗礼派が同市に結集した。再洗礼派はこの都市を支配して旧約聖書的な統治と財産共有を実行に移す(一五三四―三五年)。しかし諸侯の軍隊に鎮圧され、悪名だけを後世に残した。

オランダと北ドイツの再洗礼派の残存勢力を再組織化したのはオランダ北部、フリースラント地方の元カトリック司祭メノー・シモンズ(一四九六―一五六一年)であり、彼のグループはメノーの名をとってメノナイトと呼ばれるようになる。洗礼重視派(ドープスヘジンデ)という別称もある。彼らは明確にノンレジスタンスの立場をとったが、ネーデルラント全域で激しく迫害された。しかし一五七〇年代以降は、スペイン・ハプスブルク家の支配からの独立の戦いを繰り広げる北部(オランダ)のカルヴァン派によってプロテスタントの一派とみなされて寛容の対象となり、周辺地域(たとえばフランドル地方)からの再洗礼派亡命者の受け入れも許された(独立の戦いに軍事面ではなく金銭面で協力するメノナイトもいた)。

図1-4　メノー・シモンズの肖像．アルノウト・ナハテハール作(17世紀末〜18世紀初頭)

メノー・シモンズの功績

当初メノー・シモンズはカルヴァン派に対し、かつてカトリックによる厳しい迫害を受けていた人たちが今度は再洗礼派に対して恐ろしい迫害者になっていると指摘し、異なる信仰をもつ少数派への寛容を求めつづけてきた。彼はメノナイトが為政者の役割を認めていることを強調し、聖書が禁じていないかぎりの市民的義務を果たす姿勢を示した。彼はそれと同時に、メノナイトはミュンスターの千年王国派とは異なる平和的な信仰の持ち主であることを強調することも忘れなかった。ただし彼が暴力を肯定するタイプの再洗礼派と無関係であったわけではない。彼の兄弟ピーテルは激動の時代に再洗礼派運動に加わり、武装蜂起に関わった罪で一五三五年に処刑されており、その事件をきっかけにメノーはカトリック司祭を辞め、逃げまどう再洗礼派の世話に明け暮れ、平和的な教会づくりに生涯を捧げたのであった。

メノナイトはオランダ諸都市で安定した生活を築くようになり、海運業を含む実業の世界で成功を収める信徒も増えていった。メノナイトのあいだには分裂があり、メノー・シモンズおよびその後継者たちの厳格すぎる教会規律（とりわけ破門およびそれに伴う日常的な交際の忌避）に反発する人たちがウォーターランド派と呼ばれる分派を形成していた（ウォーターランドはアムステルダムの北方に位置する地域である）。その後、メノナイト教会本体も、出身地の違いにも影響されてフリースラント派とフランドル派に分かれ、さまざまな論争が繰り広げられた（フランドル派は現在のベルギー北部を故郷とする人たちである）。

「ドルトレヒト信仰告白」――一八か条の指針

一七世紀になると両派の歩みよりが進み、一六三二年に共通の文書として「ドルトレヒト信仰告白」が採択された。起草したのはドルトレヒトのフランドル派の牧師アドリアン・コルネリスである。この一八か条からなる信仰告白はスイス再洗礼派の「シュライトハイム信仰告白」に比べて詳細であり、再洗礼派の信仰と実践のあり方を将来にわたって方向づけるものであった。第一条は神と万物の創造、第二条は人間の堕罪、第三条はキリストの贖いの約束による罪人の再生、第四条は救い主キリストの受肉、死と復活、昇天と再臨、第五条はキリストの教えすなわち福音(新約聖書)、第六条は悔い改めと生活の改善、第七条は信仰を前提とした成人洗礼、第八条はキリストの教会、第九条は教会の教師・執事・女性執事の選出、第一〇条は聖餐式、第一一条は洗足式、第一二条は婚姻、第一三条は神が定めた現世の権力、第一四条は復讐の断念とノンレジスタンス、第一五条は宣誓の禁止、第一六条は悔い改めない罪人の破門、第一七条は破門中の罪人との交際忌避(シャニング)、第一八条は死人の復活と最後の審判についてである。

スイス系再洗礼派のメノナイト化とアーミッシュの誕生

社会的にも教義的にも安定を得たオランダのメノナイト教会は、長いあいだ迫害に苦しんでいるスイス系再洗礼派の支援に力を尽くし、救援物資や亡命資金を用意した。その過程で一七世紀なかば以降、両派の合同が進むことになる。重要な契機は、亡命地アルザスに住むスイス系再洗礼派が一六六〇年にオーネンハイムという田舎町に集まって「ドルトレヒト信仰告白」を受容したことである。ただしスイス系再洗礼派には交際忌避や洗足の習慣がなかったから、その受容は全面的ではなかった。「ドルトレヒト信仰告白」の受容は北ドイツやプファルツでも進み、メノナイトの呼称はオランダに限定されない広がりをもつにいたる。

ところで一七世紀後半にスイスのベルン領ジンメンタールのエルレンバッハ村出身のヤーコプ・アマン(一六四四ごろ―一七三〇年ごろ)という仕立工が新たに再洗礼派(スイス・メノナイト)に加わり、迫害を逃れてアルザスに住んだが、彼は当時のメノナイトたちの規律の緩みを憂え、アルザスとスイスを往来しながら改革を断行しようとする。いま北米を中心に暮らすアーミッシュは彼の思想と実践を受け継ぐグループである。アーミッシュは「ドルトレヒト信仰告白」の定める厳しい破門と交際忌避の実践を重んじる厳格派であり、古いメノナイトの伝統にもっとも忠実な人々である。彼らの社会観はザトラーの「シュライトハイム信仰告白」のそれとほぼ同じである。メノナイトとアーミッシュは対立と宥和を繰り返し、ともに迫害と殉教と亡命の歴史を刻んできた。次の章では、彼らのノンレジスタントな非暴力主義の実践(とりわけ兵役や暴力行使を伴う公務の拒否)およびこれによって威信を傷つけられた教会当局と為政者たちの激しい反応(執拗な追跡と根絶政策)の事例の数々を示すことになる。

第2章

迫害と離散
——ヨーロッパの片隅で——

再洗礼派の洞穴(チューリヒ農村部ベーレッツヴィル村). 迫害されて都市を去った再洗礼派が潜伏した場所のひとつ

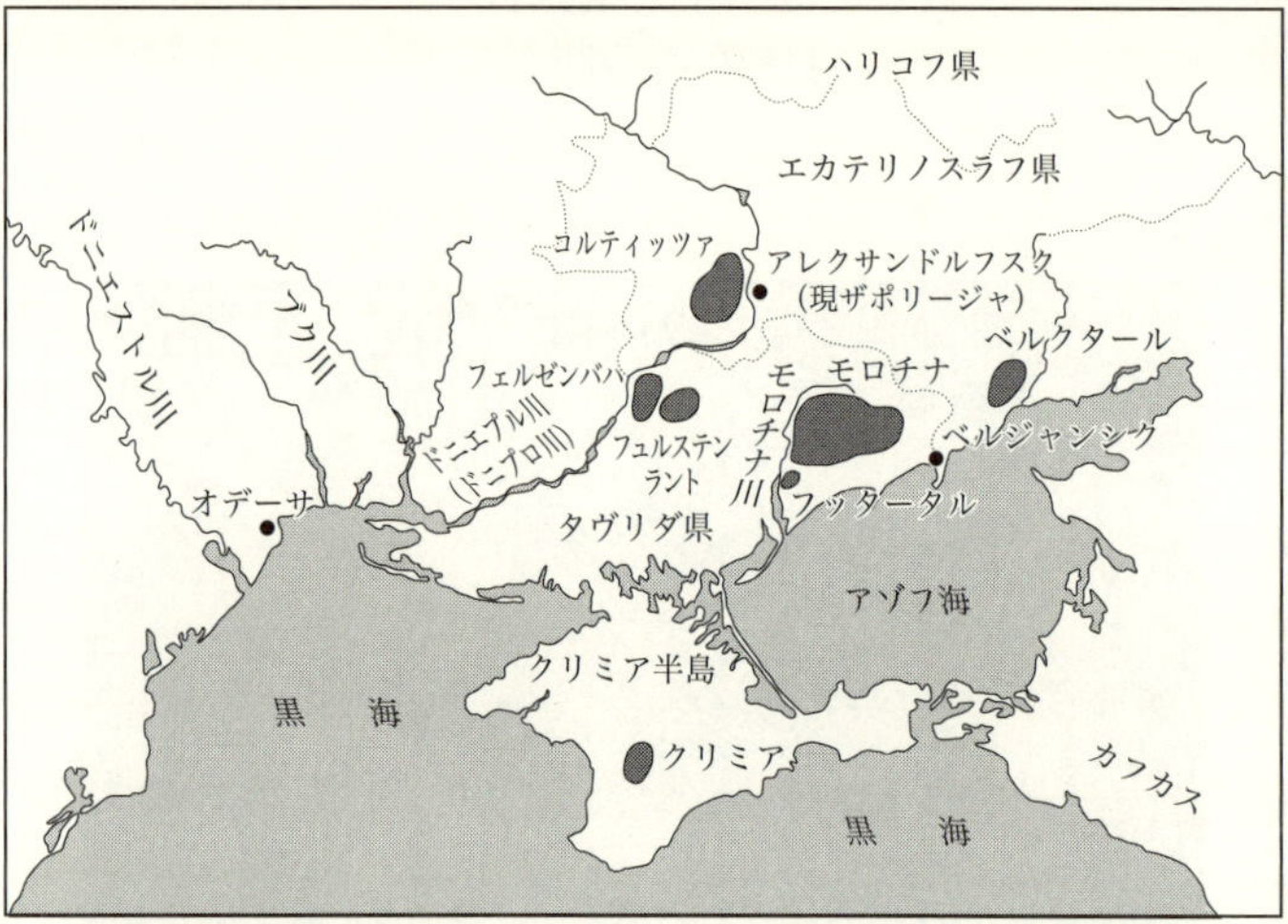

南ロシア・ウクライナのメノナイト定住地(1865年以前)

メノナイト定住地(■)は当時のドイツ語名で示した．その他の地名については原則としてロシア語かウクライナ語もしくは両言語を併記した．併記は(　)内がウクライナ語である

1　二一世紀のウクライナ

ザポリージャのメノナイト

この章では再洗礼派(とりわけメノナイトとアーミッシュ)がヨーロッパ各地で経験した迫害と離散の歴史を追うが、最初に二一世紀のいまも彼らが直面している困難な状況について述べておきたい。その舞台はウクライナである。

ウクライナ南部のモロチャンシク(ドイツ語でハルプシュタット)という町にメノナイト・センターという施設がある。そのスタッフたちは、一九九一年のソ連崩壊とウクライナ独立後の社会的・経済的な混乱のなかで苦しむ住民に生活必需品・医療品・教育プログラムなどを提供してきた。この施設はカナダのオンタリオ州に本部を置くメノナイトの慈善団体によって二〇〇一年に設けられたものである。その本部のウェブサイトの二〇二二年二月二四日の通信文には、現地からの次のような報告が記されている。「ロシアとの戦争は突然始まりました。当地での最初のきざしは、ロシアのドローンが二機、モロチャンシクの上空を飛ぶのが目撃されたことでした。その後メリトポリから大きな爆発音が聞こえてきました。二五キロ離れている場所からです」。これにつづいてカナダの慈善団体代表者が書き込んだ内容も引用しておこう。「モロチャンシクの住民は、メノナイト・センターの建物の地下室を防空壕として使うように案内されています。現地のスタッフは、地下室に椅子と食料品と水を運び入れています。わたしたちの目的は、先祖がかつていた場所に現在住んでいる人たちをエスニシティに関係なく支援することです」。

モロチャンシクは、北ドイツとオランダから西プロイセンのダンツィヒすなわち現ポーランド北部の港湾都市グダンスク方面にやってきたメノナイトたちがさらに新たな居住地を求め、一九世紀前半に移り住み、荒地を開拓して豊かな農地に変えた地域である（当時はウクライナ語からの借用でモロチナと呼ばれた）。その始まりは一七八六年、ロシア皇帝エカチェリーナ二世が農業技術に長けた西プロイセンのメノナイトたちに西プロイセンに勝る条件（信仰の自由、兵役の免除および自治の特権）を示しながら、ウクライナの現ザポリージャ州の土地（ドニプロ川流域）を与えると約束したことにある。この地はドイツ語でコルティッツァ（現ホルツィツャ）といい、メノナイト農民二二八家族の入植（一七八八年）によって開拓され、周辺地域にも数多くのコロニー（農場）が生まれた（その総人口は二〇世紀前半に一万二〇〇〇人に達した）。モロチャンシクは皇帝パーヴェル一世時代、一八〇三年以降に西プロイセンからザポリージャ経由で到来した新たなメノナイト農民（三六五家族）の定住地である。

二〇二二年九月、モロチャンシクのメノナイト・センターの建物はロシアによって接収され、スタッフの一部は市外に逃れた。残った人たちはロシア側に協力することを強いられた。モロチャンシクの女性市長は逮捕され、トクマク方面の警察署の地下留置所に入れられ、ロシアに協力しなければシベリア送りになるし家族の安全も約束されないと脅されたが、一か月ほど協力を拒みつづけていると急に釈放されたという。市長はけっきょくウクライナ支配地域に避難した。これは英紙ガーディアンの報道による（二〇二四年三月六日）。

ウクライナのメノナイトたちは、一八七〇年代、アレクサンドル二世の改革のなかで特権を失ったため（第5章参照）、アメリカとカナダに避難先を求めた（およそ一万二〇〇〇人が移住している）。そのころ、やはりザポリージャ地方に定住していた別系統の再洗礼派すなわちフッター派も北米に移住している。残ったメノナイトたちもいたが、彼らを待ち受けていたのはロシア革命に伴う激しい弾圧であった。先祖伝来の宗教にこだわり、兵役を拒み、ロシア語もうまく話せないドイツ系住民に対して、革命政府はきわめて冷淡であった。その結果、およそ二万三〇〇〇人がドイツ、カナダ、パラグアイなどに逃れることになる。なお一八世紀末にウクライナ北西部のヴォルィーニ（ラテン語名ウォリニア）地方にもポーランド貴族の招きでオランダ・北ドイツ系およびスイス系のメノナイトが移住していたが、彼らの多くも一八七〇年代にアメリカのサウスダコタ州やカンザス州に逃れた。

二一世紀にザポリージャ周辺で暮らすメノナイトは五〇〇人程度とされるが、ロシアの侵攻により、またしても悲惨な体験を強いられている。カナダのメノナイトは先祖たちが切り拓いたウクライナの土地に深い関心をもちつづけ、平和と安全な生活を願いながら、現在もなお人道的支援を行っている。しかしウクライナの教会がこれまでに受けた傷はあまりにも大きい。ある人権擁護団体の報告(二〇二四年三月二一日)によれば、モロチャンシクの小さなメノナイト集会所はロシア軍に奪いとられてしまった。上述のメノナイト・センターも同じ運命をたどったのだが、その建物はもともと二〇世紀初頭にメノナイトの女学校として使われており、そこには彼らの長い歴史が刻まれている。ロシア当局はウクライナ正教やその他の宗教団体も敵視し、教会を破壊したり聖職者を逮捕、拷問したりして活動停止に追い込んでいるという。

非暴力主義者の追放地

ところで、ウクライナに開拓者として送り込まれた無抵抗・非暴力を信条とする宗教団体はメノナイトとフッター派だけではなかった。ロシア正教会から分離したドゥホボール派という神秘主義的・聖霊主義的なグループもウクライナに住んでいた。しかもメノナイトの住むモロチャンシクがその入植地であった。一九世紀初頭からこの地には、モロチナ川をはさんで二つの教団の定住地が存在していたのである。彼らは互いに親しく交流し、助け合っていた。ドゥホボール派はメノナイトから畑作や畜産の技術を学び、なかにはドイツ式の家屋を建てる者もいたという。ドゥホボール派は非暴力主義者であり、兵役を拒む点でメノナイトと似ており、ロシア政府によってしばしば厳しい迫害を受けていた。イエスの山上の説教の精神に従って非暴力主義を唱えた文豪トルストイがドゥホボール派と連絡をとって支援し、大作『復活』の印税をつぎ込んでカナダへの移住を助けたことはよく知られている。トルストイはメノナイトの無抵抗主義も知っており、メノナイトの理論家が書いたノンレジスタンスに関する書物も読んでいた。ただし彼らとの直接の交流はなかったようである。いずれにしても、当時のウクライナ南部は、宗教的少数派の亡命地であり、厄介払いのための追放地でもあった。

2　迫害・殉教・ノンレジスタンス

『アウスブント』と『殉教者の鏡』——受難の記録

一六世紀にチューリヒで始まった再洗礼派の運動は、燎原の火のごとく、スイス各地、ドイツ、フランス東部、オランダ、オーストリア、東欧、ロシア、南北アメリカなどに波及した。再洗礼派に対する迫害の具体的な様子は、彼ら固有の讃美歌と歴史書から詳しく知ることができる。讃美歌集としては一五三〇年代にスイス系・西南ドイツ系の再洗礼派たちが亡命の旅の途上、南ドイツの都市パッサウの獄中で歌ったものをもとにして増補を重ねた『アウスブント』(一五六四年初版)が代表的である。歴史書としては、一七世紀後半にオランダのメノナイト指導者ティーレマン・ヤンスゾーン・ファン・ブラフトが寛容な社会に慣れきったメノナイトの信仰と規律を再強化すべく、父祖たちが味わった艱難辛苦の記録を集めてドルトレヒトで出版した大冊『殉教者の鏡』(一六六〇年初版)がとくに重要である。この書物が注目されるのは、ノンレジスタンスを貫いて殉教の死を遂げた過去の再洗礼派(オランダ語でドープスヘジンデすなわち洗礼重視派)の記録だけを収録している点である。成人洗礼の実行者であっても戦争や騒乱、権力行使に関わった人たちは除外されているのである。ファン・ブラフトにとって、成人洗礼だけでなくノンレジスタンスが再洗礼派であることの条件なのである。こ

図 2-1　『殉教者の鏡』(1685 年の絵入り版)から．この版にはヤン・ライケンの 104 点もの銅版画が掲載され，読者に強い印象を与えている．ハンブルク・アルトナのメノナイト教会にて撮影

の立場はもちろん、メノナイトやアーミッシュ、フッター派を含めて再洗礼派主義に立つ諸派によって共有されているが、時代と地域によって揺れや妥協、脱落がみられる。

『殉教者の鏡』の正式なタイトルは『流血の劇場またはドープスヘジンデすなわち無防備なキリスト教徒の殉教者の鏡』である。「無防備な」を意味するヴェーレロースという当時の単語(オランダ語)は、一九世紀前半以降に出版された英訳本ではデフェンスレスと訳されており、それは先述のイエスの戒めである「悪人に手向かうな」の「手向かう」の正反対の表現としてのノンレジスタンスよりもはるかに強い言葉かもしれない。「無防備」という言葉には、相手の攻撃を「防ぐ」こともしない(なされるがまま)という意味があるからである。たしかに『殉教者の鏡』に登場する再洗礼派の指導者や信徒たちは、逮捕されるがまま、拷問されるがまま、水中に投じられるがまま、斬首されるがまま、焼かれるがままである。しかも彼らはしばしば、聖書の教えを理解していないがゆえに罪深い迫害者になってしまった為政者、裁判官、獄吏、死刑執行人に対する「赦し」を口にし、その魂の救いのために神に祈っている。これは十字架上で迫害者のために「父よ、彼らをおゆるしください。彼らは何をしているのか、わからずにいるのです」(ルカによる福音書二三章三四節)と祈ったイエスに倣う行為であった。またそれは「わたしたちに負債(罪)のある者をゆるしましたように、わたしたちの負債をもおゆるしください」というマタイによる福音書六章一二節にもとづく「主の祈り」の実践でもあった。

ヨーロッパ各地の再洗礼派の殉教者の数を統計的に明らかにするのは不可能に等しいが、上述の『殉教者の鏡』には名前が出てくるケースとして約一〇〇〇人、出てこないケースとして約六六〇人の死の記録が収められている(逮捕にいたる経緯、裁判と判決の内容、処刑の目撃談、獄中書簡など)。名前のわかる殉教者一〇〇〇人のうち女性は三割であり、近世のカトリック殉教者に比して高率である。その理由は、再洗礼派の教会においては職業聖職者ではなく信徒が牧者(牧師)、長老、監督といった名称のリーダー役を務め、女性たちも巡回説教や聖書釈義を行うことがあったからである。また執事として共同金庫の管理(出納)や集会の下準備をする裏方の仕事にも男女が協力してとりくむケースがかなりみられた(夫婦であることが多いが、夫の死後、妻がその任務を引き継ぐ場合もあった)。なおフッター派の教役者が一六世紀前半から一六六五年まで日録的に作成した『歴史の書』という年代記にも約一六〇〇件の殉教の記録がある。これもまた、ノンレジスタントでデフェンスレスなキリスト教徒すなわち再洗礼派の生と死について語る第一級の史料である。

処刑の根拠

再洗礼派の処刑は各地の法令によって認められていたが、嚆矢はチューリヒ市当局が再洗礼派を「不服従」「公益の破壊」「徒党」の罪で、つまり政治犯として死刑に処すると宣言した一五二六年の布告である。その後、ベルンやザンクト・ガレンの市当局、オーストリア大公、神聖ローマ皇帝がこれに倣った。一五二九年のシュパイヤー帝国議会では、カトリック代表もプロテスタント(ルター派)代表も賛成するなかで再洗礼派処刑令が採択された。その内容は、棄教を拒むか棄教を偽装する再洗礼派は教会裁判(異端審問)を経ずに男女にかかわらず火刑または斬首刑に処するというものであり、根拠は古代末期のドナトゥス派の再洗礼を禁じて死罪を適用した法令が六世紀のローマ法大全(ユスティニアヌス法典)に含まれているというものであった。神聖ローマ帝国はこのころ意識的にローマ法を継受していた。

3　ザトラーの殉教

オスマン軍にも抵抗するな

一六世紀前半の再洗礼派迫害と処刑の実例をノンレジスタンスとの関連で示しておこう。最初の例は、再洗礼派の信仰の基本事項をまとめた「シュライトハイム信仰告白」を編んだミヒャエル・ザトラーの殉教である。ザトラーはシュライトハイムでこの信仰告白をまとめるための集会に出た後、仲間の信徒たちのいる西南ドイツの小都市ホルプ・アム・ネカー(ハプスブルク家領)に向かうが、そこで妻マルガレータおよび数人の再洗礼派信徒とともに逮捕され、ロッテンブルク・アム・ネカーで裁判にかけられた。取調べのさいにザトラーは次のように述べたという。「もしトルコ人が攻めてきても、あなたは殺してはならないと〔聖書に〕書いてあるのだから抵抗すべきではない。わたしたちはトルコ人に対しても他の迫害者に対しても防衛の戦いをしてはならず、神が彼らを撃退してくださるようにひたすら祈り、願うべきである」「もしトルコ人が攻めてきても抵抗してはならない。もし戦争をすることが正しいのなら、私はトルコ人ではなくキリスト教徒に戦いを挑むだろう」「トルコ人はキリスト教の信仰をもたない純然たる肉のトルコ人である一方、キリスト教徒だと自称しながら敬虔な信徒たちを迫害し、捕らえて殺害するあなたがたは霊のトルコ人だからである」と。

もしこのとおりの発言をザトラーがしていたとすれば、再洗礼派はけっして人畜無害なノンレジスタンスの実践者ではなく、ヨーロッパを脅かしているオスマン帝国の軍事侵攻を〔言葉だけにしても〕助長する役割を果たしていたことになる。オスマン帝国は一四五三年にコンスタンティノープルを陥落させて以後、北西に軍隊を進め、一五二六年にハンガリーを支配下に入れ、ウィーンに迫ろうとしており、オーストリアやドイツに住む人たちに恐怖を与えていた。

ザトラー以外にもトルコ人の来襲に言及した急進派がいた。それは農民戦争の有力な指導者のひとりトーマス・ミュンツァーの説教に魅了された経験のある、ドイツ中部テューリンゲン地方出身の再洗礼派ハンス・フートの一派である。彼らはトルコ人が来襲しても抵抗せず、君主たちの反撃にも協力せず、山や森に隠れ、終末が到来して最後の審判によってトルコ人の支配に終止符が打たれるのを待つべきだと主張した。これは一五二八年に処刑されたフート派のハンス・ヴァイシェンフェルダーという人物の発言である。これも迫害者の側の誇張ないし言いがかりかもしれないが、ノンレジスタンスの思想がオスマン帝国の脅威ないし侵略への不安をいっそう大きくする作用を及ぼしたことは明白であろう。それが終末論と結びつけば、恐怖心はいっそう高まったであろう。とりわけ兵士を徴募して鍛え、戦場に送る役割をする権力者たちの懸念は強かったと考えられる。軍事や警備の任務を避け、山や森に隠れる人たちは現実にいたからである。これがノンレジスタンスの信念ないし信仰と結びつけば、領土の防衛と秩序維持に悪影響が出ることはだれの目にも明らかであった。

燃えない心臓

ミヒャエル・ザトラーは一五二七年五月、ナイフで舌を切られ、熱したペンチで何度も肉をむしられたあとに台車にのせられて刑場に運ばれ、梯子に縛りつけられて火刑に処された。妻マルガレータは後日、ネカー川に沈められた。ロッテンブルク・アム・ネカー出身の再洗礼派ヴィルヘルム・ロイブリン(第1章で触れた元カトリック司祭)は処刑の一部始終を目撃し、ザトラーの心臓は燃えることがなかったと伝えている。それどころか、刑吏がこれを剣で切りつけると鮮血が噴き出して天まで届き、その夜には三時間にわたって太陽と月が同時に現れ、真昼のような光を放ち、その光のなかに黄金の文字が浮かんだと伝えている。この目撃談ないし物語からは、殉教者の「聖性」を証明する奇跡の観念が当時の再洗礼派にもあったことがわかる。奇跡すなわち地上の出来事への神の直接的な介入を求め、その実現を信じる姿勢はカトリックの独占物ではなかった。プロテスタンティズムはけっして合理主義ではない。マルティン・ルターがヴァルトブルク城の書斎に現れた「悪魔」にインク壺を投げつけた逸話も想起したい。

ところでザトラーは息絶える直前、迫害者たちに悔い改めを求め、そのうえで最後に「父よ、わたしの霊をみ手にゆだねます」(ルカによる福音書二三章四六節)という、イエスの十字架上の最後の言葉を口にしたとされる。しかし、迫害者に対する赦しの言葉はない。彼らに対する赦しを神に願う言葉もない。ザトラーはノンレジスタンスの教えを「シュライトハイム信仰告白」に書きとめ、いっさい抵抗せずに逮捕されて処刑されたが、迫害者のための祈りと赦し(愛敵)の言葉を残してはいないのである。

4　愛敵と赦しの精神

復讐するのは神

ザトラーは、キリスト教徒は自分で敵に反撃せず神にそれを願うべきだと述べたが、その背景には「復讐」に関する聖書の教えがある。「自分で復讐をしないで、むしろ、神の怒りに任せなさい。なぜなら、「主が言われる。復讐はわたしのすることである。わたし自身が報復する」と書いてあるからである」とパウロが説いているのである（ローマ人への手紙一二章一九節）。ここには正しい信仰の持ち主を迫害する者には「神罰」が下るという確信ないし期待が隠れている。じっさい『殉教者の鏡』には、神による復讐ないし神罰についての記述がかなりある。

たとえばザトラーと同じ年にミュンヘンで処刑されたゲオルク・ヴァグナーという再洗礼派に関する記録には、彼の処刑を命じたアイゼンライヒ・フォン・ランツベルクという役人について、「彼はほかの再洗礼派たちも逮捕しようと考えながら馬に乗って刑場を去り、いったん自宅に戻ったが、その夜に急死してしまった。彼の遺体が寝床で発見されたのは翌朝のことである。こうして彼は、神の怒りによって排除されたのである」と書いてある。一五二六年にリマト川で水死刑に処せられた前述のフェーリクス・マンツに関する記事にも、「キリストの愛も神の言葉も知らないのに牧者や教師であろうとする人たちは結局絶望を味わい、悔い改めないことの報いは永遠の苦しみであることを知るであろう」と書いてある。神は怒りをもって敵（迫害者）に復讐し、罰を与えるのである。この神の怒りと復讐について、動乱の時代の再洗礼派の考えはまちまちであったが、次第に「愛敵」と「赦し」の姿勢が支配的になっていくのを確認することができる。

芽吹き花咲く火刑柱

前述のグラウビュンデン出身の再洗礼派指導者イェルク・ブラウロックは、ティロル南部の都市クラウゼンの近くで一五二九年に火刑に処せられたが、彼は処刑の前、石打ちにあって殺された初代教会最初の殉教者ステパノの最後の祈りの言葉(使徒行伝七章六〇節)を口にし、「ああ主よ、わたしたちのすべての敵のためにわたしは祈ります。彼らがどれほど大勢であったとしても。彼らの罪を彼らに負わせないでください。わたしはこのことをあなたのみこころに従ってこいねがいます」と叫んだ。ステパノの祈りは十字架につけられたイエスが口にした迫害者に対する神の赦しの祈りを受け継いだものであり、それは愛敵の教えの実践であった。ブラウロックも同じ教えに従ったのである。彼には迫害者に対する神の復讐や罰への期待はなかったと考えられる。

愛敵と赦しの精神をもって殉教する再洗礼派の数は時の経過とともに増えていった。これはスイスの場合もオランダの場合も同じである。オランダ東部の小都市デルデンで一五四四年に火刑にされたファン・ベックム姉妹(マリアとその義妹ウルスラ)は、死刑執行の前に二人で次のように祈ったとされる。「神が判事たちの罪を赦してくださいますように。彼らは自分たちが何をしているのか、わかっていないのです」「神が彼らをあわれんでくださり、彼らの魂を天国に迎えてくださいますように」と。処刑に立ち会った人たちは感動の涙を流したとされる。その後、マリアの処刑に使われた火刑柱は緑の葉をつけ、花を咲かせたという伝説がある。付近に住むメノナイトたちは、一九世紀にいたるまで、マリアの命日(一一月一三日)になると処刑場所に緑の枝を飾ったという。ファン・ベックム姉妹は、イエス・キリストの教えを忠実に実践し、迫害者の魂の救いを願うまでに敵を愛し、彼らのために祈ったのであった。

図 2-2 マリア・ファン・ベックムの殉教．左側には刑吏に腕をつかまれたウルスラがいる．ヤン・ライケン画．『殉教者の鏡』(1685 年版)から

愛敵の教えは再洗礼派の家庭教育のなかで後続の世代に受け継がれていった。殉教者が家族に宛てて獄中から書いた手紙や遺言は印刷されて信徒向けの読みものの役割も果たしていた。一五六〇年にベルギー北部の都市ヘントで処刑されたソトケン・ファン・デン・ハウトという女性は子どもたちに次のように書き送っている。「あなたたちの敵を愛しなさい。あなたたちに悪態をついたり苦しめたりする人たちのために祈りなさい。他人

を苦しめるより自分が苦しむべきです。他人を非難するより自分が非難されるべきです。他人から何かを奪うより自分が奪われるべきです。そして他人を叩くより自分が叩かれるべきです」と。平易な言葉で書かれているが、この手紙は愛敵とノンレジスタンスと受難の精神に貫かれている。

敵を友に変えた殉教者――ハンス・ランディス

チューリヒ農村部ヒルツェルの再洗礼派指導者、ハンス・ランディスの殉教をめぐる物語もきわめて示唆的である。一六一四年、ランディスは刑場での斬首を前にパウル・フォルマーという刑吏から「これからわたしがしなければならないことを赦してほしい」と頼まれたとき、「もうとっくに赦しているさ。神もあなたを赦しているよ」と明るく答えたという。それを聞いた刑吏はランディスを縛っていたロープを緩め、両手を天に挙げて祈ったとされる。『殉教者の鏡』によれば、刑吏の意図はランディスに逃走の機会を与えることであったが、彼は逃げることなく静かに処刑を待ったという。そして刑吏は命令(判決)どおりにランディスの首を刎ね、涙を流しながら「この人の血の責任はわたしにないことを神はご存じだ」とつぶやいたとされる。この記述の細部にはチューリヒ市当局がつけた記録と一致しない点があるが、ランディスの赦しの信仰が迫害者を共鳴者に、敵を友に変えたことに相違はない。

二〇世紀の公民権運動の指導者キング牧師(一九二九―六八年)は、白人(敵)からどんな仕打ちを受けても愛と赦しをもって応えることによって敵を友に変え、迫害される側と迫害する側の「二重の勝利」「二重の解放」が得られると教えたが、これと同じことが一七世紀の迫害社会のなかで起きていたということができる。この倫理ないし信仰の実践の拠りどころは同じ聖書の箇所(イエスの山上の説教)であった。

愛敵、赦し、受難の信仰と結びついたノンレジスタンスの教えは、一六三二年にオランダ再洗礼派によって「ドルトレヒト信仰告白」の第一四条に明示された。すでに述べたように、スイス系の再洗礼派もこれを受け入れてメノナイト化し、そこから分かれたアーミッシュもこの条文の精神を守りつづけて現代にいたるのである。やや長くなるが、条文の全体を訳出しておきたい。

復讐について、つまり剣で敵に立ち向かうことについて、わたしたちは次のように信じ、告白する。すなわち主キリストは彼の弟子たちとすべての信徒たちに対し、いっさいの復讐、報復を禁じ、悪をもって悪に報いず、呪いをもって呪いに報いず、剣をさやに収めよと言われ、かつて預言者たちが告げたように、剣を打ちなおして鋤とするように命じておられると。マタイによる福音書五章三九・四四節、ローマ人への手紙一二章一四節、ペテロの第一の手紙三章九節、イザヤ書二章四節、ミカ書四章三節、ゼカリヤ書九章八・九節。

それゆえわたしたちは、キリストの模範に倣い、だれにも痛みや損害や悲しみを与えてはならないと考える。逆にすべての人の至福と救済を追い求め、もし必要であれば主のために、ある都市や国から別の場所に逃れ、財産を奪われても耐え忍ばなければならない。わたしたちはだれをも傷つけてはならず、もし打たれたときには報復することなく別の頬も向けねばならないのである。マタイによる福音書五章三九節。

そしてそれだけでなく、敵のために祈り、彼らが空腹であれば食べさせ、渇いていれば飲ませ、かくして善き行いによって真意を伝え、無理解を克服しなければならない。ローマ人への手紙一二章一九・二〇節。

最後になるが、わたしたちは善を行って万人の良心に訴え、キリストの法に従ってわたしたちが自分にしてほしくないことを他人に対してしない姿勢を保たねばならない。コリント人への第二の手紙四章二節、マタイによる福音書七章一二節。

「逃れの神学」または信念の不服従

再洗礼派の非暴力主義は、いわゆる平和主義や反戦思想ではない。何かの政治的・社会的目的をもった非暴力的抵抗でもない。それはいっさい抵抗せず、だれをも傷つけず、傷つけられることに耐え、敵を愛し、迫害する者のために祈る受難のノンレジスタンスであり、宗教的実践の一環なのである。そして注意深く「ドルトレヒト信仰告白」を読めば、再洗礼派のノンレジスタンスは権威への絶対服従の教えではないことがわかる。第一四条は「必要であれば主のために」別の都市や国に「逃れる」ように勧告している。それは権力者の要求への不服従を伴う「逃れの神学」である。逮捕された再洗礼派は棄教を求められ、カトリックや改革派、ルター派などの公認教会に戻るように命じられたが、棄教を偽装して釈放され、ひそかに活動を続行するか、領外に逃亡するか、棄教を拒んで殉教者となる道を選んだ。いずれにしてもそれはノンレジスタントな宗教的不服従であり、その信念の不服従こそ為政者たちを怒らせ、また恐れさせた要素であった。政治や外交にとりくむ現実主義者たちにとってノンレジスタンスは愚かな妄想であり、そうした考えが社会に蔓延すれば秩序と安全が脅かされると感じられたであろう。軍隊の規律は乱れ、戦闘意欲は低下し、防衛戦争も侵略戦争も遂行しにくくなる事態も懸念されたであろう。

一六世紀から一七世紀にかけてのスイスの再洗礼派人口は三〇〇〇人前後と推測されているが、その数倍の共鳴者(多くは親族)がいたと考えられている。さらにモラヴィアの領主たちの寛容政策ゆえに平和で豊かで平等な暮らしを送っていると噂されるフッター派の共同体に憧れ、忽然と姿を消す農村住民もあとを絶たなかった(フッター派もノンレジスタンスの実践者である)。

ただし現実のモラヴィアは必ずしも安全ではなく、ハプスブルク家の介入と弾圧政策によって一七世紀前半(三十年戦争の時代)にハンガリーへの、さらにトランシルヴァニアへの移住と入植が進んでいた。フッター派のコロニーはオスマン軍に襲われ、略奪や誘拐・奴隷化の被害を受けることもあったが、小さい都市や村で監視されながら生きるより、いわば権力の真空地帯を求めてヨーロッパの辺境に逃れるほうが信仰の維持には適していると判断する信徒も多かった。フッター派はスイスとドイツにしばしば伝道者たちを派遣し、移住の勧誘を行っていた。

スイスやドイツの為政者たちが規模としてはちっぽけな再洗礼派の運動に神経をとがらせた理由は、たんに彼らが風変わりな信仰をもっていたからではない。武器をとることを拒むノンレジスタンスの思想こそ危険視されたのである。ともあれ、武器をとらない人たちが当局によって執拗な追跡を受け、武器をつきつけられ、死刑や追放刑に処せられるのは逆説的な悲劇というしかない。

5　兵士の改宗と亡命

不安定なスイス社会

当局がもっとも恐れていたのは、兵士が再洗礼派になって武器を捨てることである。ハンス・ランディスの処刑の後、チューリヒでは再洗礼派運動がかえって活発になっていた。ランディスのように暴力を拒み、敵を赦す高潔な殉教者の存在は信仰の高揚をもたらし、新たに感化される人も増えていたのである。一方、当時の国家公認の改革派教会は官庁化し、牧師は役人のような役割を担い、住民（教区民）の各種の台帳すなわち出生・洗礼・婚姻・死亡・不在・転出入などの記録を管理し、説教壇から当局の布告（たとえば酩酊や大騒ぎや派手な服装を禁じる風紀取締令）を読み上げ、服従を説いていた。牧師の協力者である農村領域の代官やその下僚たちは再洗礼派や元再洗礼派、彼らの家族や親族を監視し、疑わしいことがあれば都市当局に報告していた。農村住民にとって牧師や代官は多くの場合よそ者であり、彼らには心情的に再洗礼派をかばう傾向があった。農村部で再洗礼派が生き延びることができたのは、こうした政治と社会の状況があったからである。

一六三〇年代のスイスでは、カトリックと改革派の対立が収まっておらず、暴力的な衝突も報告されている。たとえば一六三二年にスイス北部のカトリック邦ゾロトゥルンの農民が改革派邦ベルンの傭兵部隊を両邦の境界地帯で急襲する事件が起きている。一方、諸邦の為政者たちは宗派争いの性格をもつドイツの三十年戦争に巻き込まれまいとしており、外国の軍隊の動きを警戒し、境界地帯の警備に余念がなかった。ライン川の北からやってくる放浪民の取締りも重要な任務であった。当時の社会は明らかに不安定であった。

武器を捨てた士官――ハインリヒ・フリック

そうした状況下、一六三四年に都市チューリヒの北東に位置する小都市エルクで数人の再洗礼派が当番制の警備の仕事をボイコットし、市当局による調査が行われている（どのような決着がつけられたかは不明である）。翌年には都市チューリヒ支配下の農村地帯アムト・クノーナウのハインリヒ・フリックという二三歳の若い士官が突然、再洗礼派に加わり、軍務を放棄した。彼は旗手を務めており、兵士たちを鼓舞する役割を担っていた。クノーナウはスイス中央部のカトリック邦ツークとの境界地帯にあり、戦略的に重要な場所であったから、この事件は都市の統治者たちを仰天させる。しかもフリックは地元の富農の出であり、実家の農場は一〇人の使用人を雇っていた。フリック一族の社会的影響力は小さくなかったと考えられる。当局は行き過ぎた迫害政策が逆効果であることをランディス事件で学んでいたから、慎重な対応策を講じ、フリックを再洗礼派に引き入れた指導者たちを都市に連行し、取調べを行うことから始めた。チューリヒ市当局は一六三七年に市内の元ドミニコ女子修道会の建物および孤児院に再洗礼派専用の牢獄をつくり、処刑ではなく拘禁で彼らの意志をくじく政策をとっていた。ただしフリックは領外逃亡に成功したようである。というのも、一六六〇年にアルザスのオーネンハイムに集まって「ドルトレヒト信仰告白」の採択を決めたスイス系再洗礼派の指導者たちの署名のなかに執事の肩書をもつフリックの名が出てくるからである。

この世の旅人

再洗礼派は「ドルトレヒト信仰告白」第一四条が前提としている「逃れの神学」の実践者であった。その思想的根拠は、やはり新約聖書にある。イエスは弟子たちに「一つの町で迫害されたなら、他の町へ逃げなさい」と助言しているのである(マタイによる福音書一〇章二三節)。また使徒ペテロは、ギリシア世界に離散している信徒たちに手紙を書き送り、「あなたがたは、この世の旅人であり寄留者であるから、たましいに戦いをいどむ肉の欲を避けなさい。異邦人の中にあって、りっぱな行いをしなさい」と述べている(ペテロの第一の手紙二章一一・一二節)。逃れることと寄留者として亡命生活を送ることは、聖書的信仰を厳格に守る人びとにとっては自然な選択肢なのである。

離散(ディアスポラ)の民として各地に散っていった再洗礼派移民の長い歴史をもれなく語ることはできない。そこで次章では、彼らがとくに顕著な役割を果たしたスイス、アルザス、西南ドイツに注目しながら、一八世紀前半までの主要な出来事をたどってみたい。とくに注目するのは、国家権力がどのように再洗礼派を追跡し、再洗礼派がそれをいかにしてくぐり抜けて生き延びたか、である。そのさいには、アーミッシュ誕生の経緯にも詳しくふれることになる。

第3章

追跡する国家

敵を救った殉教者．オランダ中部の小都市アスペレン出身の再洗礼派ディルク・ウィレムスは脱獄に成功したものの，追手が氷の張った池に落ちて溺れているのを見て引き返し，彼の命を救った．しかしその直後に再逮捕され，処刑されてしまう(1569年)．アスペレンには彼の名のついた通りがあり，池の場所もわかっている．ヤン・ライケン画．『殉教者の鏡』(1685年版)から

再洗礼派および関係教派の系統図

本書で言及されている諸派の総称を用いて作成．諸派は離合集散を繰り返しており，総称と個々の正式教団名が一致しないことも多い．図中の実線の矢印(⟶)は分離と影響関係の両方を，点線の矢印(--->)は弱い影響関係を表す．アンダーラインは一時的にせよ非暴力主義を標榜した教派を示す

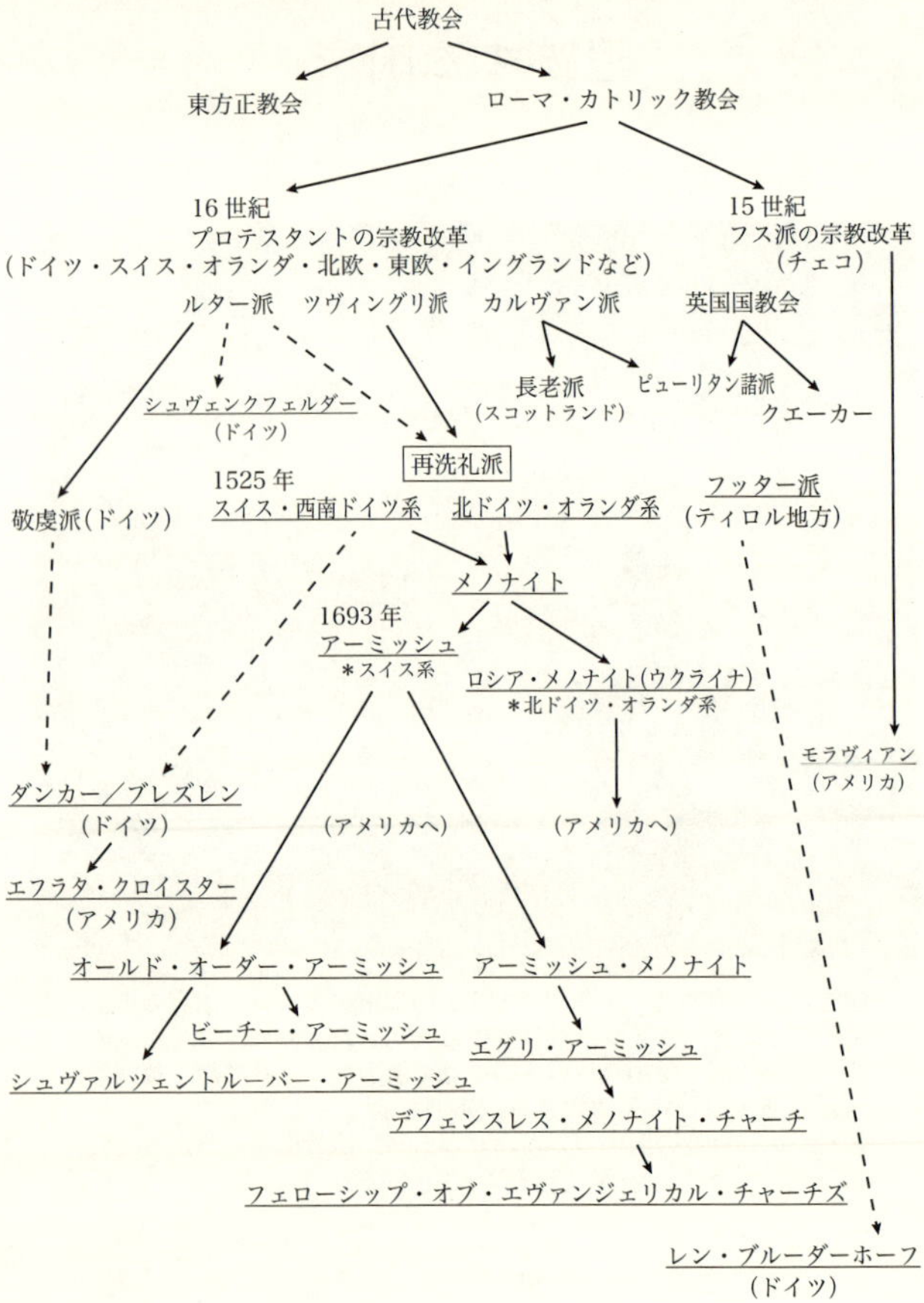

1　ベルンの再洗礼派狩り

緑豊かなエメンタール

再洗礼派運動は一五二〇年代後半にチューリヒ方面からベルンに伝播し、農村部に強固な足場を築いた。宗教改革時代以後の都市邦ベルンは農村支配を強めて住民の反発を招いており、彼らは権力者に迫害される再洗礼派に同情的であった。一五三〇年代、ベルン領では一五〇人あまりの再洗礼派が投獄され、約一〇〇人が領外に追放された。死刑も適用されたが、その数は多くはなかった。当局は再洗礼派を厳罰に処するとの布告を何度も発し、教会で読み上げさせたが、効果は薄かった。牧師たちの多くはチューリヒの場合と同じく官吏の役割を担っており、信徒たちとの距離が遠かったからである。

ベルン領の再洗礼派運動の中心は都市ベルンの東方に位置する緑豊かな丘陵地帯エメンタールにあり、人里離れた場所の農家、家畜小屋、水車小屋、森、洞穴などが秘密の集会場所になっていた。屋根裏に隠し部屋をつくり、官憲による捜索をかわす農家もあった。ベルン領での

図 3-1　ハンス・ハスリバッハーが投獄されていたベルン農村部エメンタールのトラクセルヴァルト城．塔内部の独房と塔外観

再洗礼派の処刑は、一五七一年、エメンタール地方のズミスヴァルト村出身のハンス・ハスリバッハーという指導者のケースを最後に行われなくなった。その逮捕と拷問、斬首と「奇跡」の物語が後世まで伝えられ、かえって信仰の深化をもたらしたからである。奇跡とは獄中のハスリバッハーに天使が現れ、死刑の日には太陽が赤く染まり、井戸の水が血に変わり、あなたの刎ねられた首は落ちた帽子に転がり込んで笑うという不可解な予言を行い、そのとおりのことが起きたというものである。ハスリバッハーの殉教物語は讃美歌集『アウスブント』に収録され、再洗礼派の信徒たちに、神が奇跡をもって迫害される無抵抗の信仰者を勇気づけ、神の国に導くという信念を強めさせた。

荒々しい取締り

もちろんベルン市当局は、再洗礼派の追跡をやめたわけではない。方法を変えただけである。具体的には投獄と拷問（鞭打ちや水責め）、晒し台の刑、耳などの切断刑、焼印を押したうえでの追放刑、ガレー刑などである。ガレー刑とは、ヴェネツィアなどにガレー船の漕ぎ手として売ることを意味する。ガレー囚は鎖につながれ、アルプスの峠を越えてイタリアに連行され、イタリア北部の都市ベルガモでヴェネツィアの役人に引き渡された。ガレー刑はフランスのユグノー（カルヴァン派）に対しても行われた刑罰であり、生還の見込みはほとんどなかったという。

しかし、それでも再洗礼派はいなくならなかった。チューリヒの場合と同じく、再洗礼派の周囲には共鳴者・支援者たちがいたからである。彼らは（再）洗礼こそ受けないが、隠れ家や食料品・医療品を提供したり捜査の情報を伝えたりした。エメンタールのトゥループという村には、再洗礼派をかくまった屋根裏部屋が現在も残されている。同じエメンタールのラングナウのケールという村には一五三〇年ごろに形成された最古の再洗礼派教会があり、現在はメノナイトという名称と古洗礼派（アルトトイファー）という名称を併用している。彼らの集会場は一九世紀末に建てられたもので、それ以前は家庭や野外で礼拝が行われていた。

一七世紀になってもベルンの再洗礼派は衰えをみせなかった。とくに一六五三年に税負担の問題で起きた「スイス農民戦争」の鎮圧後、ベルン農村部では再洗礼派が急増している。政治的経済的不満を解消できずに絶望した農民たちが現世を避ける再洗礼派に惹かれたケースもあったと考えられる。この時期ベルン市当局は再洗礼派を取り締まる特別委員会を設け、トイファーイエーガー(アナバプテストハンター)と呼ばれる弾圧部隊を組織した。重罪を犯した受刑者が隊員に起用されたこともあり、彼らのハンティング(再洗礼派狩り)の荒々しさは地域住民が眉をひそめるほどであった。逮捕されて追放刑を受けた再洗礼派の財産は没収され、公共事業に使われた(使途は地元の教会の改修や救貧事業などである)。没収財産に関しては目録が作成され、今日では再洗礼派研究の貴重な史料になっている。

オランダ・メノナイトの支援とスイス脱出

一六七〇年代にはとくに再洗礼派の取締りが厳しく、ベルン市内の孤児院や施療院に併設された牢獄は満員であった。このころ領内の牧師たちは一五歳以上の信徒に服従の誓約を求めるように指示されていた。「誓ってはならない」という聖書の教えに従う再洗礼派を発見するためである。この時期、オランダの再洗礼派(メノナイト)がスイスでの迫害を見かねて救援活動を開始する。彼らはアムステルダムのメノナイト商人ハンス・フラミングらを交渉役とし、ベルンやチューリヒの政治家や教会人に再洗礼派迫害の不当性を訴えた。オランダ共和国議会もメノナイトを支援していた。

一六七一年にベルンの再洗礼派七〇〇人がスイス脱出を決意し、寛容な君主のいる西南ドイツのプファルツに逃れたが、その旅費を提供したのはオランダのメノナイトである。プファルツにはすでに一六五〇年代からスイス系の再洗礼派が移住していた。権力者のなかには再洗礼派の勤勉と農業(畜産)の技術を高く評価する者もいたのである。アルザスでもそうであった。しかしベルンの為政者たちは違っていた。それは当時の改革派の教条主義とカトリック勢力との緊張関係ゆえである。ベルン邦はスイスのカトリックの牙城ルツェルン邦と境を接しており、つねに内戦の危険があった。これは一六五六年に起きたばかりである。その原因の一端は、カトリック邦シュヴィーツのアルトという山村の隠れプロテスタントの弾圧にある。つねに臨戦態勢をとるスイス諸邦の権力者たちにとって、剣を鋤に打ちなおせとか敵を愛せといった聖書の教えに従うことは論外であり、こうした信念をもって兵役も警備の任務も拒む再洗礼派は危険分子そのものであった。ベルン市当局が執拗な追跡をやめない最大の理由はそこにあった。

ベルン市当局は一六九〇年代に迫害を再強化し、宣誓と兵役の拒否を厳禁する布告を繰り返し発し、再洗礼派の牧者(ミニスター)と信徒を発見して通報した者には懸賞金が支払われた。前者の場合は一〇〇ターラー、後者の場合はその半額である。当時の一ターラーは二グルデンであり、この時期よりすこし前の大工の親方の年収が五〇ターラー(一〇〇グルデン)ほどであったという記録があるから、懸賞金はじつに高額であった。なおグルデンはギルダーともいい、中世イタリアの都市フィレンツェのフローリン金貨をもとにドイツやスイス、オランダ、イギリスなどで独自に打刻されたものである。一方、ターラーは一六世紀にハプスブルク家支配下のボヘミア(チェコ)で発行された銀貨がヨーロッパ各地に広まったものである。現代のアメリカやカナダで使われているドルの語源はここにある。

2　アルザス移民とアーミッシュの誕生

亡命地アルザス

一七世紀のスイスの再洗礼派のなかには、アルザスに亡命して潜伏生活を送る人たちがいた。その地にはラッポルトシュタイン家のように寛容政策をとって再洗礼派の農民たちを誘致する貴族がいた。畜産の振興がその具体的な目的のひとつであった。アーミッシュの指導者ヤーコプ・アマンが潜伏したヴォージュ山中のサント・マリー・オ・ミーヌは同家の支配下にあった。同家はルター派であったが、宗教的多様性を認める立場をとり、カトリック、改革派(カルヴァン派)、再洗礼派、ユダヤ人にも居住を認めていた。

一七世紀後半、寛容な領主のいるアルザスのスイス系再洗礼派(とくにチューリヒ出身者)のあいだでは、オランダのケースと同じように現実社会に適応しようとする傾向が生じていた(後述するように西南ドイツにも同じ現象がみられた)。そうした状況下、アルザスのスイス系再洗礼派指導者たちは一六六〇年にオーネンハイム(ラッポルトシュタイン家領)でオランダ・メノナイトの「ドルトレヒト信仰告白」(一六三二年)を受け入れ、メノナイト化を進行させたのであった。その背景には自派の離散民に対するオランダ・メノナイトの救援活動への感謝の念があった。

ヤーコプ・アマンとアーミッシュ

ところでスイスのベルン領では、一七世紀後半、山々に囲まれたオーバーラント地方で再洗礼派運動が急展開していた。チューリヒ方面から移ってきたウルリヒ・ミュラーという指導者が精力的に巡回説教を行い、二〇〇家族もの新しい信徒を獲得したのである。彼らはエメンタールの古い再洗礼派(エメンターラー)とは接触の少ない人たちで、オーバーレンダーと呼ばれた。ミュラーの説教を聞いて改心した若い信徒のひとりが、ジンメンタールのエルレンバッハ村出身の仕立工、ヤーコプ・アマンである。

アマンは再洗礼派になったとき三〇代なかばであった。彼は当局の追跡をかわしながらベルン農村を転々とし、一六九〇年代前半にアルザスのハイドルスハイムを経てサント・マリー・オ・ミーヌに亡命した。そこで彼が目にしたのは、一七世紀半ばまでに同地に移住していたスイス再洗礼派の規律の緩みであった。アマンは改革を志し、厳格主義(とくに厳しい破門の実践)を根づかせようとする。彼はベルン農村も訪ね、一六九三年にエメンタールのハンス・ライストを中心とする穏健派に論争を挑んだ。しかし両者はけっきょく決裂することになり、相互の破門というかたちをとった。これがアーミッシュ誕生の経緯である。

このころすでにアーミッシュ(オーバーレンダー)はオーバーラント方言に訳された「ドルトレヒト信仰告白」を所持しており、そこに書かれた厳格な教えをエメンターラーたちが守らず、道徳的に問題のある信徒の破門と交際忌避、悔悛と赦しの実践を怠り、再洗礼を受けていない共鳴者(半再洗礼派ともいう)の魂の救いさえ口にすることがアマンたちには理解できなかった。エメンターラーのなかには、迫害者のはずの改革派の牧師のもとに赤ん坊を連れて行き、形式的な幼児洗礼を求め、子どもが正式に認知されて遺産相続ができるようにする人たちもいた。こうした妥協もしながら生活する再洗

図 3–2　ヤーコプ・アマンの生まれ故郷ジンメンタールのエルレンバッハ村．現在も数多くの古民家が残っている

礼派にとって、新参のオーバーレンダーは現実を知らず、赦しの精神にも欠ける頑固者に映った。なお破門は教会の交わりから排除することであるが、これに伴う交際忌避は村八分に近く、いっしょに食事をしたり馬車に乗ったり、日用品を売買することも禁じる措置であった。

アルザスを追われて——モンベリアールとジュラ地方

スイス系の再洗礼派亡命者たちが最初に住んで集会を開いたアルザスの地は銀と石炭の採掘で栄えたサント・マリー・オ・ミーヌの中心部ではなく、その南のリーヴル渓谷である。そこには一七世紀末の時点で一二家族の再洗礼派が暮らしていた。しかしそこは再洗礼派の安住の地にはならなかった。一七一二年にカトリック信仰の篤いフランス王ルイ一四世が追放令を出し、信徒の多くが新たな旅を強いられたのである。もっとも、礼拝の自由が認められる場所に移住ないし逃亡することは彼らの信仰の本質にかかわっており、決断は非常に速かった。最初のおもな移住地は、スイスに近いモンベリアールという町であった。そこはフランス領ではなく神聖ローマ帝国の諸侯、ヴュルテンベルク公が支配していた(この地はフランス革命期の一七九〇年代にフランス領に編入される)。そのころ公位にあったレオポルト・エバーハルトは恣意的な統治で悪名高いが、再洗礼派を勤勉な良民とみなして寛容な姿勢をとり、兵役も宣誓も求めなかった。教会建設は許可しなかったが、民家での礼拝の自由を認め、専用の墓地をつくることも許した。スイスではこれは禁じられており、森や林や目立たない岩陰が再洗礼派の埋葬場所であった。再洗礼派の多くは家族用の聖書の裏表紙に家族の名とその誕生・死亡の日付を書き込んだが、それは墓をもつことのできない人たちによる死者の追悼の手段でもあった。

ところで、モンベリアールの一般の農民たちは再洗礼派の農場の生産性の高さを妬み、追放を求めることもあった。このことはモンベリアールの再洗礼派が距離的な近さゆえに親しく交流していたバーゼル司教領(ジュラ山中)の仲間たちが経験していたことでもあった。ジュラの再洗礼派はベルン領から逃れてきた人たちで、司教の保護を受けて標高一〇〇〇メートルを超える山地の森を牧草地に変え、酪農を営んで高額の税を納めていたが、先住者たちとのトラブルが絶えなかった。彼らには各種の特権が与えられているという反感が先住者の側にあったのである。フランス語話者がほとんどのカトリック地域にドイツ語を話す再洗礼派が移住したのだから、そうした摩擦が起きても当然であった。ただし再洗礼派が平和的な人たちであることは次第に理解されるようになり、彼らの有能な治療師のもとに信仰の異なる住民が人や家畜を連れて来るようになったという。

ジュラ山中には再洗礼派が築いた高原の牧場の石垣が残っており、古い歴史を思い起こさせる。またジュラのコルジェモン(現在はベルン州)の南にあるシャセラルの森には再洗礼派が礼拝に使った洞穴がある。近くに橋がかかっていたので、この場所は「再洗礼派橋」と呼ばれ、近くに再洗礼派の歴史を刻んだモニュメントがある。

3　クライヒガウの定住地

西南ドイツの寛容な支配者たち

スイスの再洗礼派は、前述のチューリヒの殉教者ハンス・ランディスの親族を含め、西南ドイツのクライヒガウ地方にも移り住み、長いあいだ定住生活を営んだ。クライヒガウの支配権は錯綜しており、宗派的にも多様であった。カトリック、ルター派、改革派に分かれていたのである。再洗礼派を受け入れたのは、三十年戦争で荒廃した農村の再建のために農業・畜産に長けた移民を求める騎士層とプファルツ選帝侯である。

一六六一年、プファルツ選帝侯支配下の農村シュタインスフルトの民家(再洗礼派ハンス・メンテンの妻の家)の地下室で開かれた再洗礼派の違法集会が摘発された。そこには二二家族五三人の信徒が集まっていた。周辺の八つの集落に住む人たちである。彼らのなかにはランディス姓の再洗礼派が何人か含まれていた。彼らにはハイデルベルクにあるプファルツ選帝侯の政庁によって罰金が課され、各世帯が財産に応じて支払うべきものとされた。それは軽くも重くもない処罰であった。

図 3-3　1661 年に再洗礼派の違法集会が摘発されたクライヒガウの農村シュタインスフルトの民家．地下室から外部をのぞむ

一六六四年、ハイデルベルクの政庁は選帝侯カール・ルートヴィヒの名で「メノナイト特許状」を発行し、再洗礼派一世帯あたり年間六グルデンの「承認税」を納めることを条件に正式に居留を認め、再洗礼派が五世帯以上の村々に関しては二〇人以下の礼拝を行う権利を与えた。人数制限は近隣住民の不安を考慮してのことであり、暴徒化の危険を避けるためでもあった。「メノナイト特許状」は寛容令ではあったが、当局は再洗礼派を信頼していたわけではない。再洗礼派は普通の宗教とは異なる分離主義を特徴とし、警備や軍事を忌避する点で奇異であるが、選帝侯領を三十年戦争による荒廃から立ち直らせるために必要であるというのが特許状の発行理由であった。この文書には新しい入会者を迎えるための再洗礼を行わないこと、領外から信徒仲間を密かに迎え入れないこと、瀆神《とくしん》・讒謗《ざんぼう》・当局への反抗には厳罰が下されることなど、厳しい警告の言葉も並んでいる。当時、クライヒガウでは再洗礼派のような居留民には帯剣や兵役は求められなかったから、ノンレジスタンスの教えを守るのに適した場所であった。

居留民には土地所有は原則として認められなかったので、再洗礼派の多くは貧しかった。それでもスイス系再洗礼派は、モラヴィアで財産共有を実行に移したフッター派とは違い、私有財産を認めつつ共同金庫をつくり、聖書の隣人愛の教えにもとづく分かち合いを実践していたから、彼らのあいだには物乞いは存在しなかった。

隷属か自由か——再洗礼派の社会的地位

ところで、クライヒガウの貴族(騎士)たちは再洗礼派を「農奴」扱いすることはほとんどなかった。したがって再洗礼派は賦役、死亡税、結婚税などは課されなかった。彼らの大半の出身地であるチューリヒでは、宗教改革の時代に農村で騒擾が頻発したさいに都市領の多くで農奴制は廃止されたが、領外の農奴領主(修道院等)の支配が及んでいた地域やグリュニンゲン地方のように都市への反抗ゆえに冷遇された地域では農奴制は残存していた。グリュニンゲン出身の再洗礼派農民は基本的に農奴身分であったから、クライヒガウ移住後には社会的地位が上昇したと言える。一方、ヒルツェルを出身地とするランディス家の人たちの場合、完全な村民権を有する富農がクライヒガウでは居留民になったのだから、それは社会的地位の低下にほかならない。ただしクライヒガウの貴族たちは、最初は数年の契約で農場ごと再洗礼派に貸し与え、やがては賃借権の世襲を認め、さらには正規の村民として土地所有(購入)も認めるようになったため、彼らの社会的地位は徐々に向上していったと言える。ベルン農村から移ってきた再洗礼派も、自由身分の酪農家であることが多かったので、境遇の変化はランディス家のケースに近いかもしれない。

ただしクライヒガウでも再洗礼派を農奴として遇した領主がいなかったわけではない。たとえばフェルス家というカトリック貴族の領地に住む再洗礼派移民は農奴として扱われていた。一七一一年にスイス出身のクリスチャン・バンベルガーという再洗礼派が北米移民募集団体の手を借りてペンシルヴァニア植民地に渡ったが、そのさいフェルス家の領主はいわゆる「移転料」を徴収したうえでこれを許可した。バンベルガー（英語ではボンバーガー）家はこうしてアメリカで自由人となり、一六モルゲン（約四ヘクタール）の借地農から五六三エーカー（約二三〇ヘクタール）の土地所有者となる。移民先はランカスター郡であり、そこにはすでに仲間たちが住んでいた。この時期の北米移民の背景にはクライヒガウの再洗礼派の人口増、相続地不足だけでなくプファルツ継承戦争（一六八八―九七年）とスペイン継承戦争（一七〇一―一四年）の災禍があった。スイス系の再洗礼派はクライヒガウの三〇の集落に住み、およそ一五〇〇人の人口を擁していたが、親族集団としては二〇前後であった。クライヒガウに住みつづけた再洗礼派もおり、興味深いことに、現在もフェニンゲン家という貴族の末裔から土地と家屋を現代の法律によって借りているメノナイト農民もいる。

再洗礼派の書籍文化と信仰の継承

再洗礼派は独特の書籍文化の担い手であり、どこに移動しても古い版のドイツ語聖書・信仰告白・讃美歌集・歴史書などを家宝にしていた。それらによって彼らが継承したのは、イエスの山上の説教を軸とした信仰の規範、すなわち剣をとらず、悪人に手向かわず、平和を求め、富をむさぼらず、あわれみと奉仕に生き、迫害に耐え、隣人だけでなく敵をも愛し、赦す精神である。彼らはドイツ語聖書として一五三六年にチューリヒで出版されたフロシャウアー版を好むが(フロシャウアーはツヴィングリの宗教改革を支持した印刷業者である)、その理由は古いスイスドイツ語が使われていることと、その後の改革派教会による改訳の弊害(と再洗礼派が考えるもの)を免れていることであった。早くから共有されていた信仰告白としては、現世の悪からの分離とノンレジスタンスおよび受難の必然性を説く前述の「シュライトハイム信仰告白」(一五二七年)や、ケルンの再洗礼派(印刷工)が獄中で多くの聖句を引いて成人洗礼を擁護した「トーマス・イムブロイヒの信仰告白」(一五六〇年ごろ)などがある。また歴史書としてはすでに内容を検討した『殉教者の鏡』がある。この一二〇〇ページの大冊はオランダ語で書かれており、一八世紀前半に西南ドイツにもたらされたが、信徒のあいだで普及するのはドイツ語訳が出る一八世紀半ば以降である。ただし同書に記されているスイス系再洗礼派の殉教伝の情報源(印刷物)は当然のことながらスイス自体にあり、それらの内容は彼らの讃美歌集『アウスブント』(一五六四年初版)によっても伝えられていた。

一六一四年にチューリヒで斬首された殉教者ハンス・ランディスの名は、メノナイトやアーミッシュならだれでも知っている。それは『殉教者の鏡』に感動的な記事があるだけでなく、『アウスブント』にも彼の深い信仰を伝える四六節もの長い讃美歌が載せられているからである。再洗礼派の信徒たちは、この讃美歌を歌うたび、いっさいの抵抗を放棄し、敵を愛し、赦し、迫害者のために祈ることが敵を味方に変える力をもつことを学んだ。

4　集団追放の試練

ベルンの再洗礼派海外追放策

一七世紀末から一八世紀にかけての都市国家ベルンの為政者(多くは門閥貴族)たちはフランスの王侯貴族の内政・外交と生活様式を模倣しており、海外情報も豊富に得ていた。その過程で彼らは、再洗礼派問題の「最終解決」は彼らを海外に追放することだと考えるようになった。最初の試みは、アムステルダムのオランダ東インド会社に再洗礼派のアジア追放の仲介を打診する書簡の送付(一六九九年)である。メノナイトの有力者もいるオランダが許せるはずもない計画であり、回答はなかったようである。この海外追放計画は一六九九年に常設組織となった再洗礼派対策局(一七四三年廃止)がたてたものであった。

次の計画は、一七〇九年、ノースカロライナ植民地(イギリス領)にドイツ系のヨーロッパ人を入植させようとするイギリス王室のエージェント、クリストーフ・フォン・ガッフェンリート(ベルン出身)によって実行に移された。彼はスイス(ベルン領エメンタール)とプファルツから一〇〇人を集めたが、そのなかには五〇人の再洗礼派が含まれていたのである。船賃には再洗礼派の没収財産が使われており、移住は自発的なものではなかった。オランダのメノナイトはこの動きを察知し、集団追放(強制移住)を非難したが、ベルン市当局は「外国人の傭兵を金で雇っている諸国とは違い、われわれは自分たちの臣民を武装させねばならないから、この種の連中の存在を許せば国土を危険にさらすことになる」と回答している。

スイス諸邦は「武装中立」策をとり、互いに敵対する国々にも(分け隔てなく)傭兵を供給する一方、自国の防衛は自分たちで行ってきた。だからこそ市民も農民も武器を自弁し、非常事態が起きて召集されたときには、即座に剣を携えて出陣しなければならなかったのである。この「民兵制」は、当時の一般的なスイス人によって当然の義務と受け止められていた。これを拒む再洗礼派は、その思想と行動をよく観察して理解しようとしないかぎり、ただの身勝手なエゴイストか卑怯者に見えたであろう。暴力に背を向ければ向けるほど、平和を求めれば求めるほど、愛を説けば説くほど国家権力による暴力的弾圧のターゲットになり、また憎しみの対象になる逆説はそれ以後も、二〇世紀にいたるまで繰り返されることになる。

ノースカロライナ移民団

フォン・ガッフェンリート率いる移民団は三月一八日にロッテルダム港から船に乗り、ロンドンを経由して九月二二日に待望のノースカロライナに着き、ニューバーン（新ベルン）の町を築いた。そこにいたスイス人の家名としては、ルェグスエッガー、エンゲル、クロプフェンシュタインなどが知られている。オーバーレンダー（アーミッシュ）系の人たちである。彼らは故郷の親族と連絡をとりあっており、それは新たなアメリカ移民をうながした。ハンス・ルェグスエッガーの手紙には次のように書いてある。「スイスではあまり肉にありつけないが、ここでは不足することがない。もし一二頭の牛と豚の群れと何頭かの馬を買う金があれば、あとは健康とこの世の暮らしが終わったあとに永遠の命さえ得られれば、ほかに欲しいものはない」。その後ノースカロライナでは先住民（タスカローラ族）との争いが激しくなり、同地の知事エドワード・ハイドは民兵を集め、掃討作戦を行って白人支配を貫徹しようとする。この過程でニューバーンの経営は一時的に難しくなり、フォン・ガッフェンリートは破産してスイスに帰った。しかし、ニューバーンはのちにスイス系再洗礼派の移住の目的地のひとつになるから、最初の移民が一定の安定を築いていたのであろう。

スイスを去る者、残る者

フォン・ガッフェンリートの移民団がスイスを出てロッテルダムに向かう途中、かなりの数の再洗礼派が脱出している。その後の移住先はドイツ西南部や北部、または西部とくにユーリヒ・クレーフェ・ベルク公領の都市クレーフェルトであった（一七〇二年からプロイセン領）。クレーフェルトは一七世紀初頭からオランダ系・北ドイツ系のメノナイトが住んでいた土地であり、一六八三年に一三家族がまとまってペンシルヴァニアに移住したことで知られている（次章を参照）。

強制移住政策がとられていたころのベルン市長はヨハン・フリードリヒ・ヴィラディングである。彼はプロイセン王と友好関係にあり、フランスと対立していた。そのためフランスを追われたユグノーたちをベルン市内に避難させたが、再洗礼派にはきわめて冷淡であり、海外植民地かオランダかプロイセンにひきとってもらいたいと考えつづけていた。そこで彼は、獄中にいた三〇〇人ほどの再洗礼派に対し、国外への退去と市民権・居留権の剥奪を条件に恩赦を与えた。一七一一年のことである。オランダのメノナイトは彼らの受け入れと保護を約束していた。開拓移民の受け入れと人口増加が富国強兵につながると考えていたプロイセンのヴィル

図 3-4 ドイツ西部の都市クレーフェルトのメノナイト教会．この門は 17 世紀末にさかのぼる歴史的な建造物であり，現在は反対側が入口になっている

ヘルム一世も歓迎の意向を示していたので、ダンツィヒ（グダンスク）やエルビング（現ポーランド領エルブロンク）にいた北ドイツ系・オランダ系のメノナイトの支援も期待できたが、スイスの再洗礼派はプロイセンで戦争に巻き込まれることを恐れた。いずれにしても、一七一一年の移住計画は事実上の追放刑であったが、自発的に移住に応じた再洗礼派もいた。当局は五〇〇人を乗せることのできる筏を五艘用意した（使ったのはけっきょく四艘であった）。エメンターラーはスイスを故郷と感じており、獄中にある人たち以外は移住をしぶったが、オーバーレンダー（アーミッシュ）は新約聖書と「ドルトレヒト信仰告白」の教えに従い、「この世の旅人」「寄留者」として生きる覚悟を示した。この船旅は一七一一年七月一三日に始まり、八月三日に終わった。一行はアーレ川とライン川をつたい、途中で脱走者を出しながらアムステルダムに着いた。最終的に上陸したのは約三五〇人であった。彼らはアムステルダムだけでなくグループごとにいくつかの別の都市にも住むことになる。こうしてオランダ再洗礼派の世

界にスイス的・アーミッシュ的要素が加わることになり、その厳格さはオランダ人に衝撃を与えたという。

ところで、ベルンからはけっして再洗礼派がいなくなることはなかった。スイスを去る者も残る者もいたのである。一七二〇年代、ヤーコプ・アマンの出身地ジンメンタールでは梳毛工のクリスティアン・ミュラーという新たなリーダーが出現し、多くの聴衆を前に、軍事的奉仕と宣誓を拒んで聖書の教えに従い、清い生活を送るように訴え、逮捕されている。一方、外国で死去したらしいヤーコプ・アマンの娘が一七三〇年に再洗礼派をやめ、改革派教会に戻ったという記録があるから、状況は一進一退であったと考えられる。ベルン市当局は一八世紀になっても一九世紀になっても再洗礼派の追跡と監視をやめなかった。ただし懐柔策もとられ、再洗礼派対策局は廃止され、兵役拒否者を逮捕して投獄するのではなく、代替役務として鉱山労働を命じたり、罰金を課したりする方法もとられた。一八世紀後半になると身代わりを出す「代理兵士」制度も検討されたが、実現はしなかった。しかし注目したいのは、その後の欧米世界における代替役務や兵役免除金の制度の萌芽がここにみられることである。

一八世紀はヨーロッパ各地で大西洋を渡る移民が増え、土地と仕事を求める人たちや一獲千金をねらう人たちだけでなく多くの宗教的マイノリティがアメリカに新天地を求めた。第1節で触れたベルン領エメンタールのトラクセルヴァルトの近くにある森には再洗礼派の集会場所と墓地があり、彼らはその一帯を「アメリカ」と呼んでいたという。自由への憧れがそうさせたのであろう。次章では、そのアメリカにヨーロッパ各地の再洗礼派が移住し、喜びと苦しみの両方を味わった歴史をひもとく。

第4章

新天地アメリカ

ペンシルヴァニア州ランカスター郡やミフリン郡ビッグ・ヴァレーのようなアーミッシュ定住地では現在，アーミッシュの馬車と自動車が公道を共有し，譲りあっている．しかし事故も多い

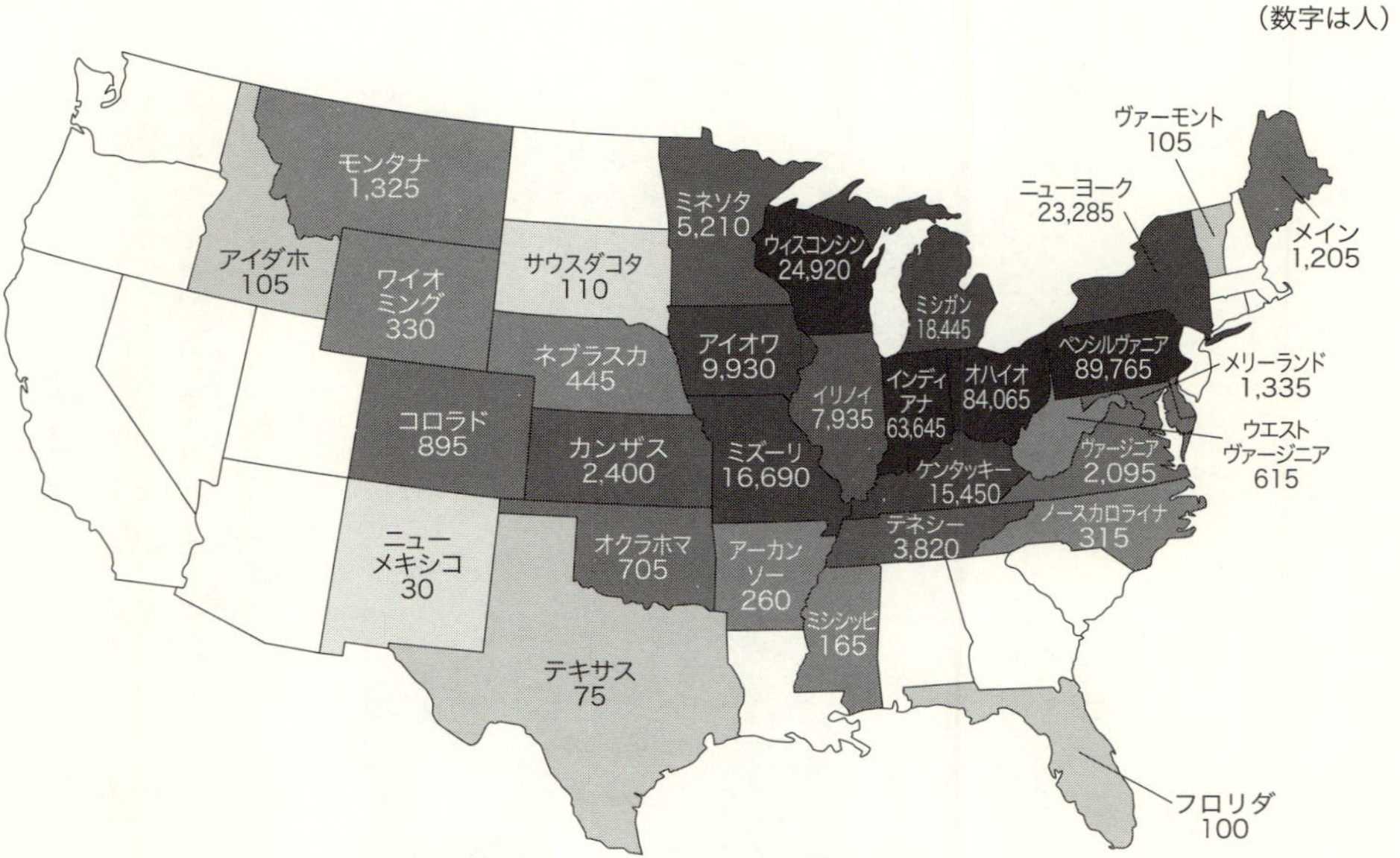

アメリカ合衆国のアーミッシュ人口（2023 年）

1　ドイツ人のメイフラワー

自由の地ペンシルヴァニア

はじめてアメリカに渡った再洗礼派がだれであったかは不明だが、一六四三年にニューアムステルダム（現ニューヨーク）にいたあるイエズス会士によれば、そこにはカルヴァン派、カトリック、イングランドのピューリタン、ルター派、再洗礼派がおり、再洗礼派はそこでは「メニスト」と呼ばれていた。メニストとはオランダのメノナイトの初期の呼称である。彼らがどのような役割でニューアムステルダムにいたかは確かめられないが、おそらく貿易商人か船員であろう。オランダのメノナイトは商船や捕鯨船でさかんに海外に出ていたが、海賊対策の「武装」が許されないために苦労し、なかには教会の警告を聞かずに武器を所持する信徒もいた。このことは破門や脱会につながっていた。

メノナイトがグループでアメリカに来たのは、すでにふれたとおり一六八三年のことであり、定住先はペンシルヴァニアである。彼らが乗船したコンコード号はドイツ系移民およそ一二〇人をアメリカに運んだため、「ドイツ人のメイフラワー」と呼ばれている。出発日は七月六日、到着日は一〇月六日である。その当時、ペンシルヴァニア植民地の経営者であったイギリスのクエーカー(フレンド派)指導者ウィリアム・ペンはドイツにもエージェントを派遣して開拓移民を募っており、宗派を問わず信仰の自由を与え、兵役拒否者も歓迎する方針を示していたから、メノナイトたちにとっては魅力的な場所であった(植民地に上陸するさいの宣誓も、握手や挙手、「はい」の発声で代替された)。そもそもクエーカーも非暴力主義者であり、再洗礼派にとっては親近感があった。ただし社会観においてクエーカーは再洗礼派と異なっており、前者は社会と政治をキリスト教化する理想をもっていた。ペンの植民地経営はその実践であり、聖なる実験(ホーリー・エクスペリメント)と呼ばれている。人間の平等を信じるクエーカーの多くは黒人奴隷の使役に反対しており、そこには創始者ジョージ・フォックスの主張が反映されていた。彼らはアメリカ先住民との友好関係の構築にも努め、平和的な協議によって信頼を得ていた。

クエーカーは伝統社会の支配・被支配の関係に批判的であったが、それは創始者フォックスが織布工の家に生まれた平民であり、イングランド国教会の権威主義に反発して一六五〇年代に信徒中心の集会を組織し、だれもが等しく「内なる光」(聖霊)の直接的な働きかけを経験しうると説いて女性による説教や伝道も奨励したことと関連している。クエーカーは自発的な救貧活動を行い、国教会に十分の一税(教会税)を支払うことのできない貧農たちを支援して十分の一税廃止請願を行うなど、社会的・政治的な活動も活発に展開したため、一六八九年の寛容法の制定まで厳しく弾圧された。ピューリタンたちも教義や教会組織の面でクエーカーを異端視した。

ジャーマンタウンの建設——クエーカーとともに

一六八三年の移民団は、クレーフェルトの一三家族(約四〇人)から成っていたが、メノナイトというよりクエーカーの色彩が濃かった。家名から判断すれば、オランダ系が多い。メノナイト教会に属していたのは一名で、あとはクエーカーあるいはクエーカーに改宗したメノナイトであった。彼らを率いたのは南ドイツの都市ゾンマーハウゼン出身の法律家フランツ・ダニエル・パストリウスという人物であるが、彼はルター派教会に属しつつその体制的性格を嫌い、内面的な信仰と素朴な実践を重んじる敬虔主義者(敬虔派)として活動しており、宗派の違いを重視しない傾向にあった。パストリウスは土地買収の交渉のために先発しており、すでに八月二〇日、デラウェア川に面したフィラデルフィアの港に着き、その北に一万五〇〇〇エーカー(約六一平方キロメートル)の土地を獲得し、コンコード号で到着した仲間たちとともにジャーマンタウンの町を築いた(それはスクールキル川に近い肥沃な土地であった)。重要人物としてはアブラハム・オプ・デン・グラーフとウィリアム・リテンハウスがいる。オプ・デン・グラーフはクレーフェルトでクエーカーに改宗した元メノナイトの商人・亜麻織布工であり、ジャーマンタウンの市民代表として政治活動を展開し、一六八八年に兄弟らとともに奴隷制に反対する文書を作成したことで名高い。リテンハウスはジャーマンタウンのメノナイト集会所(教会)を切り盛りしたが、彼は事実上アメリカで最初のメノナイト牧師(監督)であった。家業は製紙業であり、アメリカの製紙工場の第一号を建設している(現在その一帯はフェアマウントパークとして整備されており、歴史的建造物が保存されている)。

図4-1　ウィリアム・リテンハウスの家と水車小屋(ジャーマンタウン)

新しい開拓地へ——移民の増加

その後一八世紀前半に到来するメノナイトの多くはスイス系、プファルツ系であり、彼らはすでに手狭になっていたジャーマンタウンではなく、その北西方面のスキパックという新しい開拓地に向かった。さらにメノナイト移民はサスケハナ川方面に進出し、ペケア・クリークという支流が蛇行しながら流れる豊かな土地を得た。そこはやがてランカスター郡と呼ばれるようになる地域である。

最初の開拓者は一七一〇年にプファルツから移民してきたハンス・ヘル率いる六家族のメノナイトたちである（ヘル、ケンディグ、オーバーホルツァー、ミラーその他の家名から成る）。一七一七年の夏には三隻の船で三六三人のメノナイトがペンシルヴァニアにやってきた。彼らは、ペケア・クリークとコネストガ川の流域をめざした。定住して農場経営に成功した人たちは、馬車でフィラデルフィアなどの都市に農産物を届けた。その後もメノナイトは毎年のように到来し、ランカスターの北東にあるオレイ・ヴァレー（バークス郡）や南西にあるチェスター・ヴァレー（チェスター郡）にも定住地を求めた。一七〇七年から一七五六年にかけて北米に移民したメノナイトは約三〇〇〇人である。そのなかからは世界的に有名な企業家も出ている。たとえば一九世紀末、ペンシルヴァニア州ドーフィン郡に工場と牧場に加えて労働者の良質な住宅と公共施設を備えたユートピア的コミュニティーを建設し、ミルクチョコレートを大量生産したミルトン・ハーシーは一七一七年のメノナイト移民の家系に属し、先祖はスイスのベルン領エメンタールの小村シャングナウの出である（ベルンでの家名の発音はヒルシである）。

ペンシルヴァニア・ダッチの世界

スイス系・ドイツ系の移民たちは、当初はドイツ語を話していたが、やがて部分的に英語を使うようになる。ただし礼拝は多くの場合、ドイツ語で行った。聖書と讃美歌がドイツ語だからである。アーミッシュの大半は現在もドイツ語で礼拝を行っている。彼らの話すドイツ語は、プファルツ地方の方言をもとにしたペンシルヴァニア・ダッチ（ペンシルヴァニア・ジャーマン）と呼ばれる独特なものである。この言葉はドイツ系移民がひろく用いており、宗派的帰属とは無関係であった。ペンシルヴァニアのドイツ系住民にはルター派もいれば改革派（カルヴァン派）もいた。さらに敬虔派もいれば、シュヴェンクフェルダーやダンカーもいた。

シュヴェンクフェルダーはシュレジエンの宗教改革者カスパル・シュヴェンクフェルト（一四八九―一五六一年）の教えに従う人たちであり、内面的・心霊主義的傾向が強い。北米には一七三一年から到来し、フィラデルフィアの北に広がるモントゴメリー郡に入植している。ダンカーはドイツ人アレクサンダー・マックが一七〇八年にヴェストファーレンのシュヴァルツェナウで起こした聖書主義者の集団であり、成人洗礼を行う点で再洗礼派に分類されることもある。ダンカーという通称は、ペンシルヴァニア・ダッチ方言の「ダンケン」に由来するが、それは「浸礼を行う」という意味である（浸礼とは体全体を水に浸す洗礼方法であり、それは再洗礼派の多くにみられる頭だけに水を注ぐ灌水礼とは異なる）。ダンカーは正式にはシュヴァルツェナウ・ブレズレンもしくはジャーマン・バプテスト・ブレズレンという。その教えはヨハン・コンラート・ヴァイセルが一七二〇年にアメリカにもたらしたが、彼は独自の思想にもとづいて一七三二年に半修道院的な共同体であるエフラタ・クロイスターをランカスター郡北部に創始し、指導者となった。バイセルは讃美歌を重視し、多くの楽譜を残している(クロイスターは一般的には修道院の四角い中庭を囲む回廊のことだが、ここでは閉じられた宗教的共同体の意味である)。

エフラタ・クロイスターには印刷所もあり、一七四九年にそこで再洗礼派の歴史書『殉教者の鏡』のドイツ語版が印刷されている。ジャーマンタウンとスキパックで牧師(監督)をつとめたヤーコプ・ゴットシャルクらが企画したもので、一五一二ページの大型本であった。これは植民地時代の北米でもっとも大きな書物とされる。初版の発行部数は一三〇〇部であるが、各地のビショップ、ミニスター、エルダー、パスター(いずれも牧師の呼称)などの牧会者と会計や庶務を担当するディーコン、ディーコネス(男性執事、女性執事)らが購入したと考えられる。彼らは戦争や盗賊団による襲撃、先住民とのトラブルのさいにどうすればよいか、狩猟、獣害対策のためにライフル銃を所持してよいかなど、ノンレジスタンスの具体的な実践に関する指導や助言を行う立場にあり、もっとも厳しい迫害時代の先祖の模範が満載されている『殉教者の鏡』は不可欠な教科書であった。なお、この書物の英語訳の出版は一八三七年であるが、そこから使用言語の変化がわかる。

ここでモラヴィアン(モラヴィア兄弟団)にもふれておきたい。彼らはヤン・フス(一三七〇ごろ—一四一五年)の宗教改革の流れを汲む人たちであり、迫害を逃れてザクセンに滞在していたが、一八世紀前半に北米とりわけペンシルヴァニアに移住している。

これらのドイツ系の諸宗派は交流と反目の両方を経験してきた。それぞれの成立の経緯や神学的土台が異なる以上、それも当然のことである。非暴力主義をめぐる立場の違いも小さくなかった。ダンカーはメノナイトとほぼ同じノンレジスタンスの教えを説いたが、モラヴィアンとシュヴェンクフェルダーは時期によって異なる。やがてアメリカ独立戦争の時代に、ドイツ系移民は大きな試練に直面する。彼らは開拓者としての郷土愛を抱いてはいたが、言語上のマイノリティであり、ノンレジスタンスを信条にしてきた宗派も多かったからである。以下、その最左翼であるアーミッシュのアメリカ移民の歴史について紹介しておきたい。

2　アーミッシュの定住

アーミッシュ集団移民の開始

スイスやアルザス地方、西南ドイツに散らばっていたアーミッシュは、一八世紀前半からアメリカに来ていたが、集団移民は一七三七年にチャーミングナンシー号に乗船していた一一家族が最初である。彼らは同年六月二八日にロッテルダムを発ち、多くの病死者を出しながら九月一三日にフィラデルフィアに到着した。彼らがスクールキル川をさかのぼって北上して定住したのは現在のバークス郡にあたる地域で、そこにはすでに先発のアーミッシュが住んでいた。

この地は、やがてペンシルヴァニア州だけでなくオハイオ州、インディアナ州などに広がるアーミッシュ定住地の原型であった。さらに北に行くとブルーマウンテンという名の山地があり、そこから先はデラウェア族(レナペ)という先住民の土地であった(ウィリアム・ペンの息子たちが協定を結んだ結果である)。アーミッシュの一部はその山麓のノースキルにも居を構えた。

一七四二年に入港したフランシス&エリザベス号にも多くのアーミッシュが乗っており、乗客の名簿には一三のアーミッシュ家族の名がある。このうちヨーダー家のクリスチャンという人物がこの移民団のリーダーであり、一族はアルザスとスイスでヤーコプ・アマンと行動をともにしたアーミッシュ誕生時からのコアメンバーである。そのためもあってクリスチャン・ヨーダーは各種の印刷物や手書きの文書を携えており、そのなかにはエメンタールとオーバーレンダー(アーミッシュ)の論争と分裂の経緯が詳しく記された手紙も含まれていた。

近さと遠さ――メノナイトとアーミッシュ

アメリカでのアーミッシュとメノナイトは必ずしも対立していたわけではなく、アーミッシュもしばしばメノナイトと自称していた。聖書、讃美歌、信仰告白を共有するグループであるから、それは当然であった。ただし出身地の遠さ(近さ)は無視できなかった。スイス特有の高山と深い谷が方言と地域文化の違いを生んでいたからである。

一七四二年のもうひとつの重要な出来事は、スイス系再洗礼派の讃美歌集『アウスブント』の北米版の印刷である。これを請け負ったのはフィラデルフィアの印刷業者クリストファー・サウアーである。彼はダンカーであったが、信仰内容の近いメノナイトとアーミッシュに協力的であった。この書物は讃美歌だけでなくチューリヒの再洗礼派が体験した一六三五年から一〇年間の迫害の記録「真実の報告」を含んでいた。讃美歌の歌詞も「報告」も、もちろんドイツ語で書かれている。「報告」は『殉教者の鏡』のような詳しさはないが、後者がドイツ語で出版される以前の歴史書として価値があり、復讐の放棄、愛敵、赦し、そしてノンレジスタンスとはどのような信念と行動を意味するのか、一世紀前の先人たちの残した模範を伝えるものであった。

他派との交わり

一八世紀中にアメリカに移民したアーミッシュは五〇〇人余りとされるが、彼らは子どもの数が一〇人に達するような大家族を形成するため、人口は急増し、土地不足につながって西に向かう再移住の流れを加速させた。さらに一九世紀前半以降は、ナポレオン時代の混乱とその後のヨーロッパ諸国の軍備増強・徴兵制の導入を背景としてアーミッシュの脱出がつづき、アメリカに三〇〇〇人以上が到来した。彼らはやがてペンシルヴァニアだけでなくオハイオやインディアナ、イリノイ、アイオワ、ニューヨーク、そしてカナダにも住むようになる。

ペンシルヴァニアにはこれまで述べたとおり数多くの宗教的マイノリティがひしめいており、それぞれ活発な教会活動を展開していたから、メノナイトやアーミッシュのあいだにも個人や家族の決断によって他派に転向する人たちがいた。エフラタ・クロイスターに加わったメノナイトもいたし、ダンカーに加わったアーミッシュもいた。当然、一族が別々の宗派に属するケースもあった。一七四一年にペンシルヴァニアにやってきたウルリヒ・ナフツィガーというアーミッシュは教会を去り、ルター派の女性と結婚しているが、その息子ハンスはアーミッシュのビショップ(監督)になっている。

現代においては、独特の信仰と生活に加えてペンシルヴァニア・ダッチが高いハードルとなっているため、他派からアーミッシュへの転籍はほとんどない。自然に囲まれて暮らす彼らのシンプルライフに憧れるだけの人たちの入会希望は、ほぼ挫折に終わる。ただしドイツ系移民の家系から出た人であれば、アーミッシュ社会への適応の可能性はやや大きい。一八世紀にはルター派がアーミッシュになった例もある。かつてルター派教会は再洗礼派の迫害者であったが、そうした歴史は個人の選択とは無関係である。たとえばプファルツのルター派信徒ニコラス・シュトルツフスは孤児としてアーミッシュの農場に住み込み、そこの娘と結婚したため国外退去を求められ、一七六六年にペンシルヴァニア州バークス郡のレディングにアーミッシュとして住んだ。その息子クリスチャンは父母の教えを継承し、ランカスター郡でアーミッシュのビショップになった。ビショップは当時、再洗礼派の古い伝統に従い、信徒(男女)たちの推薦を多く受けた数名の男性のなかから「くじ」で選ばれていたから、クリスチャンは仲間たちから信頼されていたと考えられる。

アーミッシュの決まりごと

アーミッシュがくじを使うのは、イエスを裏切ったユダの代わりに新たな使徒を任命するさい、信徒たちが二人の人物の名前をあげ、どちらにすればよいか、神に祈ったうえでくじを引き、マッテヤを選んだという記事が新約聖書にあるからである(使徒行伝一章二三—二六節)。アーミッシュのくじは、候補者の人数ぶんの『アウスブント』のうち一冊に聖書の記事を記した紙片を入れ、これを引いた者にビショップやミニスターの職務を託すというものである。選ばれた人は自分の農場の仕事をしながら隔週日曜の礼拝の説教や洗礼式、結婚式、洗礼前の若者に対する教理教育、罪を犯した信徒への助言と悔い改めの指導、他の教役者たちと相談したうえでの破門と交際忌避(シャニング)の決定なども行うため、多忙をきわめた。多くの場合口頭で伝えられてきた教会規則(オルドヌング)を信徒たちに周知し、改定の必要性の有無に関する検討を行うことも彼らの義務であった。教会規則は教役者の選び方、礼拝のやり方から服装・

髪型まで、信仰生活と日常生活のルールを細部にわたって決めたものであり、アーミッシュのアーミッシュらしさを持続させる役割を今日も果たしている。たとえば子どもが遊ぶ人形についても決まりがあり、「偶像」の要素と外面的な美醜の価値判断を誘う要素を排除するために顔が「のっぺらぼう」でなければならないという指示が一般的である。ただし現在ではこの規則を緩めるグループもある。教会規則を共有するグループである連合体(アフィリエーション)は、いくつものコミュニティーにまたがって広域的に形成されている。

閉ざされたコミュニティー

アーミッシュはペンシルヴァニア・ダッチでグメー(標準ドイツ語でゲマインデ)または英語でディストリクトと呼ばれる最大三〇家族程度のコミュニティーに分かれて暮らしてきた。その内部には暴力事件や家庭内の体罰、虐待の問題がないわけではない。ビショップやミニスターは被害者に苦難に耐える精神と愛敵と赦しの実践を求めたため、弱者を救済することができないケースもある。「俗世」の法廷や警察に訴えない原則も、この傾向に拍車をかけてきた。剣をとることを拒み、ノンレジスタンスを教える彼らが、家庭内で「むち」をふるうことを許してきたのは明らかな矛盾であるが、「むちを加えない者はその子を憎むのである、子を愛する者は、つとめてこれを懲らしめる」という旧約聖書の記事(箴言一三章二四節)を根拠とする人たちもいた。ただしこのことは一六世紀から議論になっており、体罰を許さない再洗礼派の指導者たちもいた。

体罰や虐待というアーミッシュ世界の暗部は、脱会者たちの体験記や医師、カウンセラー、研究者などの調査報告(公権力の介入時)によって具体的に知ることができる。たとえばオハイオ州のアーミッシュ家庭から逃げ出したサロマ・ミラー・ファーロングの手記によれば、彼女の父親は若いころに脱会し、第二次世界大戦に従軍したあと改心して教会に復帰したものの、精神的緊張ゆえにノイローゼになり、いつしか子どもたちをベルトで叩く折檻を繰り返すようになった。そして追い詰められた長男が錯乱して非行に走り、妹である彼女をレイプする事件を起こしたが、ビショップたちは父親や長男による罪の告白(悔い改め)を受け入れ、被害者である彼女に「赦し」を求めたという。ただし、こうした事件は例外的であって発生率は一般社会よりはるかに低いと指摘する研究者もいる。

3 ノースキルの悲劇

先住民との抗争――ブルーマウンテンの麓で

植民地時代のアメリカは暴力に満ちており、ペンシルヴァニアに住んだ移民たちは戦争に巻き込まれることもあった。とくに被害が大きかったのは、イギリスとフランスがアレゲニー山脈の西側の台地(ペンシルヴァニア南東部)、オハイオ川が流れだす地域の領有をめぐって争ったことで始まったいわゆるフレンチ・インディアン戦争(一七五四―六三年)のときである。この戦争はヨーロッパにも波及して七年戦争と呼ばれるが、北米ではけっきょくイギリスの勝利に終わり、ミシシッピ川以東、アパラチア山脈までのルイジアナがフランスからイギリスに割譲されている。フランス側はこの戦争のさいイギリスの植民者たちの悪質さを強調して先住民の一部を味方につけ、襲撃を行わせたことからフレンチ・インディアン戦争の名がある。

この戦争はアーミッシュの住むペンシルヴァニアのバークス郡にも影を落とした。同地は数年に一度は酷暑や寒波、雹害、疫病などで食料難に陥っていたが、ブルーマウンテンの反対側の先住民(デラウェア族)も同じ気候の影響で辛酸をなめていた。彼らはノースキル方面には居住を許されなかったが、狩場としては利用しており、しばしば前ぶれなく白人の農場を訪問して昼食の提供を求めた。これは白人が約束したことだとデラウェア族は考えており、アーミッシュの大半はこころよく彼らを客人として迎え、ドイツ料理をふるまったが、新しい移民のなかにはこれを不法侵入とみなして銃口を向ける人たちもいた。双方に死者や怪我人が出ることもあった。この状況は、英仏の戦争が始まるにおよんでますますひどくなった。

最初の大きな襲撃は一七五五年にデラウェア川流域で起き、避難民たちがモラヴィアンの定住地ベツレヘムやナザレスに押しよせてきた。その救援活動を率先して行ったのはスキパックのメノナイトたちであった。植民地政府はデラウェア川とサスケハナ川のあいだに数多くの砦を築き、ブルーマウンテン方面からの攻撃からクエーカーやメノナイト、アーミッシュ、ダンカーなどの非暴力主義者たちの集落を守ろうとするが、効果は薄かった。

ホクステットラー一家の運命

ノースキルのアーミッシュ、ホクステットラー家の悲劇は、こうした混乱のなかで起きた。一七五七年九月一九日の夜、ジェイコブ・ホクステットラーの息子ジェイコブ(父親と同名で次男と思われる)は家の外で飼い犬が吠える声がするので玄関を開けてみると、フランスの兵隊に連れられたデラウェア族の戦士たちがたき火をして暖をとっていた。ジェイコブに気づいた戦士のひとりが発砲し、脚に怪我をさせた。室内では別の息子たち、すなわち一三歳のジョセフと一一歳のクリスチャンが猟銃を持ちだして弾を込め、家族を守ろうとしていた(山間部のアーミッシュのなかには猟をする人たちがいた)。ところが父親のジェイコブが二人を制し、ノンレジスタンスを貫く決意を伝えた。息子たちは同意して猟銃を置いた。

その間、襲撃者たちはホクステットラー家の住む小屋に火を放ち、焼き殺そうとする。一家は地下室に逃げ込み、火が消えるのを待った。彼らはかなりの時間がたってから地下室から這いだし、外の畑を見ると、先住民の一団は撤収していたが、ひとりだけ残って桃の実を集めている者がいた（のちにこの若者は、現在のオハイオ州ホームズ郡を拠点として白人たちと大胆に争い、トム・ライオンズと綽名された）。彼は仲間を呼び戻し、怪我をしたジェイコブ、ホクステットラー夫人、そして幼い娘を惨殺する。父親のジェイコブ、ジョセフ、クリスチャンの三人は捕虜にされ、別々の場所に連行される。別れぎわにジェイコブは、息子たちに対し、毎日自分の名前を名乗って主の祈りを唱えるように言い聞かせた。一行はエリー湖方面を歩き、父親は現在のミシガン州デトロイト付近の、二人の兄弟は現在のオハイオ州コショクトン付近の先住民居住地に閉じ込められた。しかしジェイコブは五年後に自力で脱走し、二人の息子たちは七年後に交渉の結果として解放され、再会を果たすことになる。父親の脱走譚には冒険物語の要素がある。彼は険しい山道を歩き、決死の覚悟でサスケハナ川を筏で下り、ハリス要塞（現在のペンシルヴァニア州の州都ハリスバーグ）までたどり着いて救助されたというのである。息子のクリスチャンは、帰還後にアーミッシュではなくダンカーに加わり、説教師になっ

図 4-2 ホクステットラー家の悲劇が起こった場所に据えられている記念プレート

たといわれる。ダンカーも非暴力主義者である。クリスチャンは先住民への反撃のために銃をとろうとした少年時代の抵抗・復讐の感情を克服していた。ただし彼は、かつて父親がそうであったように、銃を手に狩猟を楽しんだという。

ホクステットラー家の物語は、アーミッシュのノンレジスタンスの模範として語り継がれ、今日に至る。日付や息子たちの名前などに関して細部が異なる伝承もあるが、伝えたいことは同じである。すなわちアーミッシュは悪人に抵抗してはならず、むしろ受難と殉教の道を歩まねばならないというメッセージである(ノースキルのホクステットラー家の農場があった場所には、虐殺の歴史を伝える記念プレートが立っている)。ホクステットラー事件は、これを伝え聞いた人たちに、戦争と平和、侵略と自衛、暴力と無抵抗などをめぐるさまざまな心の葛藤を起こさせてきた。子どもたちと母親が刺殺されて頭の皮を剥がれるという悲惨な事件はジェイコブの奇妙なノンレジスタンスの考えがなければ防げたはずであるとか、逆にノンレジスタンスが家族の半分の命を救ったのであって銃撃戦になれば全員が殺されていたはずであるとか、そもそも先住民を迫害し、先祖代々の土地を荒らした罪深い植民者に対する当然の報いであるといった感想や意見が代表的である。

西に向かって――再移住

ホクステットラー家の惨劇の後、アーミッシュはブルーマウンテン方面(バークス郡)からランカスター方面に再移住するようになる。ランカスター郡のコネストガ川流域には倫理面できわめて厳格なアーミッシュたちが住みつき、のちにオールド・オーダー・アーミッシュ(旧派アーミッシュ)と呼ばれるようになる。一方、フィラデルフィアに近いチェスター・ヴァレー(チェスター郡)には進歩派が集まるようになり、オミニスト・ミニスト(アーミッシュ・メノナイト)と呼ばれるようなる。なお「オミニスト」はアーミッシュの別の発音である「オミッシュ」に由来する。

ランカスター郡よりはるか西に移住する人たちもいた。たとえばホクステットラー家の長男で、あの惨劇のときにはすでに独立して家を出ていたジョンの一家はピッツバーグの南東にあるキャセルマン川流域の渓谷地帯(サマセット郡)の開拓者となった。当時そこは、彼らの故郷スイスの山岳地帯を思い起こさせる場所であったという。現在のミフリン郡のビッグ・ヴァレー(キシャコキーラス・ヴァレー)にもアーミッシュの移住者が姿を現した。ここは一八世紀末以降、ペンシルヴァニア州有数のアーミッシュ定住地に成長することになる。

フレンチ・インディアン戦争中、ヨーロッパからの新しい移民の受け入れは難しくなり、その傾向は戦後も続いた。アメリカ独立戦争(一七七五―八三年)と米英戦争(一八一二―一五年)がその要因である。その後はまた増加に転じ、大きな波が起きている。ただしそれも南北戦争(一八六一―六五年）までのことである。

民兵法の定める兵役免除

ホクステットラー事件が起きる数か月前、ペンシルヴァニア植民地議会は民兵法を定め、フランス軍に対する防衛体制を整えようとしていた。議会内では反戦の立場をとるクエーカーの勢力は後退していた。それでもこの民兵法は「良心ゆえに武器をとらないクエーカー、メノナイト、モラヴィアンその他」を募兵の対象としないと定めており、やがては欧米諸国のほとんどが構築しようとした国民皆兵の徴兵制とは異なる思想にもとづいていた。それは政府や議会に対する忠誠と軍務を直結させない思想である。しかし、アメリカ独立戦争が状況を一変させてしまう。とくにペンシルヴァニアでは独立を求める愛国派の勢力が強まり、非暴力主義は理解されにくくなっていた。わけてもフィラデルフィアは大陸会議（後述）と独立宣言の舞台であり、独立後に一時、アメリカ合衆国の首都になった土地柄である。

4　アメリカ独立戦争

追いつめられる非暴力主義者たち

イギリス本国の不公正な統治からの解放を求める植民地の代表者たちが集った第一回大陸会議(一七七四年)の後、ペンシルヴァニア州ランカスター郡では安全保障委員会という組織がつくられ、戦争の準備が進められた。ただしこの委員会は宗教的理由で武器をとることができない住民がいることを熟知していたから、愛国派(アメリカ独立派)か国王派(イギリス派)かの態度表明を強いることはなく、民兵隊への参加も志願制にしていた。大陸会議の面々も、クエーカー、メノナイト、アーミッシュ、ダンカー、モラヴィアン、シュヴェンクフェルダーについては軍務以外の方法で愛国派を支援すればよいという立場をとった。しかし、これらドイツ系の非暴力主義者たちを国王派・トーリー党と揶揄する人々もいた(トーリー党は王および古い特権層の立場を擁護する党派で、イギリスの保守党の前身である)。そもそもイギリス人であるクエーカーとは違い、入港のさいにドイツ系移民はイギリス植民地の法と秩序に忠実に従うことを新たに約束させられていたからである(宣誓を拒む場合は握手・挙手などの方法で同意が求められていた)。

メノナイトやアーミッシュ、ダンカーなどのなかには現実にイギリス政府による統治の継続を当然視し、愛国派を反乱者と見なす人たちもいた。あるいはメノナイトの牧師ジョン・ベーアとその妻のように、エフラタ・クロイスターに運び込まれる傷病兵を敵味方の区別なく介抱する人たちもいた。一七七六年七月四日、独立宣言が採択された年、愛国的気運は最高潮に達しており、けっきょく非暴力主義者たちにも民兵組織に入ることが求められた(一八歳から五二歳まで）。ただし拒否者には罰金か追放を命じることになったため、なんとか「逃げ道」は用意されていたと言える。しかし罰金を払わないメノナイトやアーミッシュもいたから、徴税を請け負う地方の官吏や臨戦態勢をとる一般住民の目は厳しくなる一方であった。

バークス郡のバーン・タウンシップでは大陸会議によって設けられた戦争委員会（ボード・オブ・ウォー）が反愛国的な罰金拒否者一八名の名簿を作成したが、そのなかにはアーミッシュの男女も含まれていた。彼らの罰金支払い拒否の理由は記されていないが、戦争税は戦争への参加と同じだという考えによるか、あるいはイギリス政府支持派（国王派）として反乱軍には協力できないという立場によるか、いずれかであったろう。なお明らかにイギリス政府支持の態度表明をするアーミッシュもいた。たとえば製粉業者フレデリック・ケーベルは「大陸紙幣」での取引を断り、「イギリス王に対して反乱を起こした者の金は受けとれない」と発言して罰金刑に処せられている。

兵役拒否者への刑罰とリンチ

メノナイトとアーミッシュのために『アウスブント』の印刷を引き受けたダンカーの信徒クリストファー・サウアーの印刷所は、独立戦争期には息子のクリストファー・ジュニアが継承しており、ドイツ語新聞も発行していた。そこに彼は戦争に反対する記事を書いた。彼はダンカー教会のビショップでもあり、説教壇でも兵役と誓約の拒否を呼びかけていた。そのころ、イギリスの植民地支配をもはや認めないペンシルヴァニア(州)議会は独立州に対する忠誠誓約を住民に要求していたため、サウアーは一七七七年に逮捕されて獄につながれるが、そのさいに民兵たちによるリンチを受けた。ある兵士はサウアーの長い顎鬚を剃り、彼に無理やり軍服を着せ、脱がせたサウアーのズボンを自分ではく悪ふざけを演じたとされる。その後サウアーは釈放されたが、印刷所と書籍類、家屋敷、私有地をすべて没収され、競売にかけられた。サウアーはノンレジスタンスの信念に従っていっさい抵抗せず、奪われるがままであった。暴力に反対すればするほど、平和を訴えれば訴えるほど、暴力の餌食となる逆説がここにも見られる。

当時、アーミッシュがふたたび住むようになっていたノースキルおよびタルペンホッケン(バークス郡)では一四人のアーミッシュが民兵隊への登録と軍事教練を拒んで罰金を課された。一七七九年、彼らがその罰金は支払えないと官憲に告げると、レディングの刑務所に入れられ、銃殺刑にするという宣告を受けた。これは裁判所の判決ではなく脅迫にすぎなかった。公権力による刑罰とリンチが交錯する事件が随所で起こっていたのがこの時代である。民兵隊への登録は強制されるようになっており、それは事実上の徴兵制であった。メノナイトとアーミッシュは、ヨーロッパで受けた迫害を新天地アメリカでも経験したのである。アーミッシュの若者たちの一部は、スイスでそうであったのと同じように森や山岳地帯に隠れ、別の土地に逃れた。一七九〇年代のサマセット郡の徴税台帳には、独立戦争のときにバークス郡から逃げてきた六〇人のアーミッシュの氏名が記載されている。おそらく戦争が終わってから姿を現し、サマセットの親族を頼って住民登録を行ったのであろう。

レディング刑務所に収監されていたアーミッシュの四人一四名の死刑執行予定日が近づいたとき、彼らの教会のビショップが最後の聖餐式を行うために刑務所を訪れた。このことがルター派の牧師ヘンリー・ヘルツェルに伝わり、彼は当局に「この人たちはヨーロッパでの兵役を免れるために故郷を去ったのだから、彼らの良心が禁じていることをアメリカの地で求めることはできない」と記した請願書を提出した。その結果、一四人のアーミッシュは釈放されることになった。独立派は「アメリカ人」の多様な出自と信条をあらためて理解するようになったのであろうか。ともあれ、この朝令暮改は、当時の独立派の行政と司法の混乱ないし未確立の表れである。

独立戦争中に被害を受けたアーミッシュの記録は枚挙にいとまがないほどである。彼らの農場からは食料、木材、家畜(とくに馬)、毛布、靴などがしばしば略奪された。略奪者は国王派にも独立派にもおり、このことは一七七七年から翌年にかけてペンシルヴァニアで大陸軍(独立軍)を指揮したジョージ・ワシントンにとっても頭痛の種であった。兵士も馬も飢餓状態に陥っていたからである。

揺らぐ信念

アメリカ独立戦争は、個々のメノナイトやアーミッシュにノンレジスタンスの信念を失わせる契機にもなった。バークス郡のアーミッシュのパイオニアのひとりであるジェイコブ・バイラーの息子たち、すなわちジョセフ、ジョン、デイヴィッドがそうである。こうしたケースでは、まず兵役を拒否しない宗派に転籍し、除隊後にアーミッシュ教会に戻る方法もあった。ノンレジスタンスを求める「信仰告白」や教会規則に拘束されない洗礼前の時期に従軍する若者もいたと考えられる。いったん洗礼を受けた信徒のルール違反は罪であり、教会が重大だと判断すれば破門され、コミュニティーでの日常生活にも支障をきたすことになる。破門中の人は交際忌避の対象になり、日用品の売り買いも許されないからである。もちろん被破門者が悔い改めて罪を告白すれば、よほどのことがないかぎり、破門は解除される。

一八世紀末から一九世紀にかけて、欧米の諸国家は近代的な憲法を定め、国民の平等な「権利と義務」を明確にするなか、国民皆兵（徴兵制）を確立する。このことは前近代に始まる古い特権としての兵役免除を維持しにくくさせる。再洗礼派系の諸教会の非暴力主義は、あらためて岐路に立たされることになる。次章で述べるように、多くの教会が出した結論は、請願によって兵役拒否の権利を得られない場合は徴兵に応えずに刑罰を受けるか、戦闘員ないし非戦闘員としての軍務を受け入れるかの選択を「個人」に委ねるというものであった。これはクエーカーの場合も同じである。それ以後、非暴力主義ないしノンレジスタンスの信条は、一般的な非戦論や平和主義に近づくか、あるいは消滅するか、有志的な連帯の輪のなかで維持されることになる。

第5章

近代国家と徴兵制

アムステルダムのシンゲル教会．建物の正面は一般の家屋と同じだが，その奥の建物の内部に礼拝堂がしつらえられたメノナイトの隠し教会(シャイルケルク)である

1　「先進国」フランス

国民の義務としての兵役

一七八九年の革命以後、フランスの政治と社会は変革と反動を繰り返しながらも「法の下の平等」の原則にもとづいて人権の確立の歩みを進めていた。具体的には、封建的支配からの解放、身体的自由、移動・職業選択の自由、思想・言論・表現・信仰の自由、財産権や参政権などの漸進的な実現である。その過程で各種の特権が廃止され、市民(国民)には等しく法律の遵守、納税、教育、兵役などが義務づけられるようになった。フランスはこの点で「先進国」であったが、旧体制下で何とか居場所を見つけてきたアルザスやロレーヌのメノナイトとアーミッシュはさまざまな決断を迫られた。彼らは一七九三年にフランス国民軍に兵員を出すように命じられたとき、宗教的理由で応じられないという立場をとって説明と交渉を行い、けっきょくロベスピエールの名で兵役免除の特別許可を受けることができた。パリから派遣された調査官が、スイス系再洗礼派の移民の子孫たちは勤勉で模範的な農民であることを知り、口添えをしたからだという。ただし彼らにも、特別税と非戦闘員の任務に応じることが求められた。

一七九九年にナポレオンが権力を握り、一八〇四年に皇帝になると、彼は市民の権利と義務の平等にこだわり、国民皆兵(レヴェ・アン・マス)の徹底をはかった。アルザスのアーミッシュは困惑し、一八〇九年に二人の代表者をパリに派遣し、人の命を奪うための武器をとることを禁じる宗教を信じていることや、所有する財産を放棄する覚悟があることなどを伝えるが、理解を得ることはできなかった。なおフランス領(ライン川沿い)に住むメノナイトたちは一八〇三年と一八〇五年に各地の教会代表たちによる総会を開き、徴兵には応じないことを決め、兵士になった信徒には聖餐を受けさせないことにした(これは破門を意味するが、永久追放ではない)。

国外逃亡——繰り返される歴史

ノンレジスタンスの信念を貫こうとする人たちは、けっきょく国外に逃れるしかなかった。それはこれまで何度も繰り返されてきた歴史である。近代国民国家が求める兵役は、封建領主や封建制の枠組みのなかで統治を行う都市権力が求める出兵や警備の任務とは理念的・質的に異なっていたが、非暴力主義者にとっては同じであった。ナポレオン時代のアメリカ移民には単身の若者が目立つが、それは兵役年齢を意識した亡命に近い移住だからである。一八〇九年にペンシルヴァニアに渡り、サマセット郡に住んだジェイコブ・シュラーーバハがその第一号であった。このような場合、所属する教会が旅費を工面する場合もあったとされる。ナポレオン失脚後のフランスは、特別税（兵役免除金）の制度を復活させるが、メノナイトやアーミッシュはこれを永続的とは考えなかった。一八一九年から兵役年齢のアーミッシュ青年の集団移民が始まったのはその証左である。彼らはアメリカだけでなくカナダ（オンタリオ州）にも新たな生活の場を求めた。

残留組——フランス社会への同化

アルザスには兵役に反対しない「進歩派」のアーミッシュもいた。アルマナック（農事暦・生活暦）の編集と出版を手がけたジャック・クロプフェンシュタインが典型例である。彼は一八一二年に刊行したアルマナックにナポレオンを支持する記事を書いている。彼は市民社会に「同化」したアーミッシュと呼べるが、教会に所属しつづけていたかどうかはわからない。クロプフェンシュタイン家の人たちはアメリカ移民組とフランス残留組に分かれており、後者はもはやノンレジスタンスの教えに従っていなかったと考えられる。なおフランスは、紆余曲折を経て最終的に、第三共和政下の一八七二年、免除制度のない徴兵制を確立することになる。メノナイトやアーミッシュにとって、北米移民が相変わらずの最終手段であった。

ところで、フランスのアルザス地方のスイス系再洗礼派は農業面で先進的であり、狭い借地を最大限活用するために作物の品種改良や施肥の改善によって古い三圃農法特有の休閑地をなくして輪作を導入したり、家畜(牛)の交配を行ったりして生産力を向上させていた。西南ドイツのクライヒガウでも、伝統的な三圃農法にとらわれず、休閑地と夏畑の両方で飼料用の植物(赤クローバー)を大量に生産し、牛の通年屋内飼育を実現させ、牛糞を用いて上質の肥料を作り、これによって畑の地味を豊かにする好循環を生じさせていた。彼らが栽培したのはジャガイモ、アブラナ、アカネ、亜麻、麻のような商品作物である。経済力をつけた再洗礼派は社会的地位を向上させ、一般社会との関係も緊密化させていく。こうした地域で兵役を拒まない人たちが数多く出現するのも時間の問題であった。ただし、このタイプの再洗礼派のなかにも、より良い生活を実現するために北米に渡る人たちがいた。彼らが故郷で身につけた農業技術は気候や土壌の違いゆえに新しい土地では役立たないこともあったが、穀類や麻の栽培、牧畜などの技術の基礎は同じであるから、彼らは荒地の開墾を終えるとまもなく食料・衣料を自家調達し、かつ販売できるようになる。

2　軍国化するドイツ

プロイセン王の気まぐれ

一六世紀から一七世紀までのドイツ諸邦には近代的な徴兵制はもちろん存在せず、戦力は職業軍人と傭兵によってまかなわれていた。市域の防衛と治安維持のために民兵制を導入する自治都市もあったが、非暴力主義者にはそうした都市に住まないという選択肢があった。貴族どうしの戦争や領地の防衛を目的とした兵役および警備の任務の免除を最初から約束して開拓移民を募る封建領主の土地のほうが、当然、彼らには好ましかった。プファルツやプロイセンはそのような土地であった。ハンザ都市ハンブルクおよび隣接するアルトナもそうである。この時代には、宗教的な意味での「良心」に一定の理解を示す統治者たちがいたのである。

ただしプロイセンの例にみられるように君主たちは気まぐれであり、メノナイトは安心できなかった。一七一〇年にフリードリヒ一世は、東プロイセンの未開拓地に移民を迎えるべく、スイスのベルンの再洗礼派に信仰の自由と兵役免除を約束し、リトアニア方面のティルジット(現ロシア領ソヴィエック)に住ませたが、一七一三年に王位を継いだフリードリヒ・ヴィルヘルム一世はその約束を反故にし、ロシアとの争いに備える必要上、辺境に非暴力主義者を住ませるのは得策でないと判断し、六〇〇人のスイス・メノナイトに対して退去を命じることになる。行き場のない彼らはプロイセン領にとどまっていたが、一七四〇年に即位したフリードリヒ二世がけっきょく彼らの定住を許すことになる。プロイセン王のメノナイト政策は地域ごとに異なっており、一七〇二年に獲得した都市クレーフェルト(第3章参照)に関しては、メノナイトたちの商業的な貢献を考慮し、古い特権を認めていた。

一七七二年、プロイセン・オーストリア・ロシアの三国がポーランド領を分割し、支配下に組み入れた(第一次ポーランド分割)。このときプロイセン領になった西プロイセンのダンツィヒおよびその南のヴィスワ川に沿った地域には、多数のオランダ系・北ドイツ系のメノナイトが住んでおり、人口は一万二〇〇〇人に達していた。プロイセン王はこの勢力が軍事力強化の妨げになることを警戒したが、古い特権を認めている。ただし新しい定住地に移る場合は通常の軍務を課すことにした。その後、新しい土地の購入と所有を禁じるとの決定がなされたが、これは事実上の移動の制限であった。

ウクライナへ――エカチェリーナ二世の誘い

西プロイセンのメノナイトの状況を知ったロシアのエカチェリーナ二世は、ウクライナの開発のために優秀な農民を送り込むべく、代理人をつうじて彼らに接近し、一名あたり約〇・七平方キロメートルの土地と信仰の自由と自治権を与えると約束し、移民を募った。自治には子どもの教育(学校運営)も含まれていた。エカチェリーナ二世はルター派のアンハルト・ツェルプスト侯の娘としてポンメルンに生まれ、結婚のためにサンクト・ペテルブルクに移ってからロシア語を学び、ロシア正教に改宗した人物である。彼女はフランス啓蒙思想に親しみ、宗教的寛容の重要性を知っていたから、メノナイトにとっては理想的な君主であった。かくして西プロイセンのメノナイトが大挙してウクライナに向かうことになる。その後の展開は第2章の冒頭に記したとおりである。

ドイツ諸領邦の国民皆兵制度

ドイツ諸領邦のメノナイトとアーミッシュは、ナポレオン支配の時代に国民皆兵の何たるかを知る。君主による戦時の徴兵、地域ごとの兵員数の分担制とは異なり、一定の年齢に達した男子全員に徴兵の検査・登録を義務づけるこの新しい制度はノンレジスタンスの信念をくじくものであった。ナポレオンによる神聖ローマ帝国の解体(一八〇六年)にともなってプロイセンとオーストリアを除く地域に成立した連邦国家「ライン同盟」の領土内に住んでいたメノナイトとアーミッシュは兵役の代替としての特別税や代理兵士(身代わり)の登録を選ぶことができたが、それらは軍事への協力にほかならないため、非暴力主義者にとっては苦痛であり、移民の増加の要因となる。

兵役を拒まない進歩派

ナポレオン時代のあとのヨーロッパは王政復古と保守主義の時代を経験するが、自由主義の信奉者たちの活動はやまず、一八四八年、フランスにおける共和政の再建(二月革命)を先駆けとする大きな政治的変革が起きる。同年三月にはドイツ諸領邦にも革命運動が広がった(三月革命)。革命派はドイツの統一と憲法の制定を目的としてフランクフルト国民議会を開いたが、そこでは市民的義務としての兵役の問題も検討されていた。この場には二人のメノナイトが出席していた。エムデンのイサーク・ブロンスとクレーフェルトのヘルマン・フォン・ベッケンラートである。議会で審議されていた憲法草案は宗教的理由による兵役拒否を認める内容を含んでおり、だれもがその二人は大賛成すると考えていた。しかしそうではなかった。フォン・ベッケンラートが反対意見を述べたのである。新国家は封建時代の特権・特例を清算しなければならず、国防は全国民に等しく義務づけるべきであって宗教的少数派が兵役を拒む権利を認めることは他の国民の権利を侵害することになる、というのが彼の見解であった。フォン・ベッケンラートにとって、封建時代の君主や自治都市が例外的に宗教的理由の兵役拒否を認めるのは正当だとしても、国民の権利と義務の平等を謳って国民皆兵の制度を導入する国家には許

図 5-1 ヘルマン・フォン・ベッケンラートの肖像．フィリップ・ヴィンターヴェルプ作のリトグラフ(1848 年)

されないことであった。フォン・ベッケンラートはクレーフェルトの銀行家であり、国民議会では財務大臣のポストを与えられた有力者であった。エムデンの商人イサーク・ブロンスは意見を述べていないが、のちに彼はプロイセン海軍の協力者となっているから、もはや伝統的なノンレジスタンスの立場を守ってはいなかったと考えられる。

当時、フォン・ベッケンラートの出身地クレーフェルトでは兵役を拒まない進歩派のメノナイト教会員が多数派になっていた。彼らの主張によれば、新約聖書において兵士の存在は否定されておらず、イエス・キリスト自身がある「百卒長」の深い信仰を認め、奇跡の力で彼の召使の病を癒した(マタイによる福音書八章五―一三節)のだから、メノナイトも兵士たりうる。彼らは、イエスの山上の説教を一種の精神論もしくは努力目標と受けとめていた。宣誓の拒否についても彼らは妥協的であり、「誓います」ではなく「私は名誉を重んじます」という「確言」で代替し、当局に認められていた(このメノナイト式の宣誓はドイツの他の地域でも用いられていた)。進歩派の社会的適応度は高く、一般的なプロテスタントとの違いは少なくなっていた。

一方、西プロイセンのメノナイト指導者たちはフォン・ベッケンラートを厳しく批判し、ノンレジスタンスの原理は信仰の本質にかかわることであって服を替えるように気軽に捨てられるものではないと主張した。進歩派と伝統主義者たちの論争は一九世紀をつうじて続いた。

別の選択肢――非戦闘部門の代替役務

その間、ドイツ諸国家とりわけプロイセンは軍国化の歩みを止めなかった。プロイセン王ヴィルヘルム一世とビスマルク首相が牽引する北ドイツ連邦(一八六七―七一年)は、宗教的理由によって銃をとれない者には野戦病院の職員、後方の国土防衛部隊司令部の事務官や運転手、添乗員など、軍隊内の非戦闘部門での服務を求める王令を発した。このころのメノナイトは、兵役に関連するいかなる任務も拒む立場、非戦闘員としての代替役務であれば応じる立場、銃をとって一般の兵士となる立場に分かれていたが、最終的には個人の意思を尊重し、兵士となった信徒に破門(教会員資格の停止)と交際忌避(シャニング)を適用しない方針がひろくとられるようになる。こうした解決策を唱えたのは、テュービンゲン大学で神学を学んだダンツィヒのヤーコプ・マンハルトという教養人(牧師)であった。マンハルトは非戦闘部門が存在する以上、国防の全体を否定する必要はないという立場をとった。彼は前述の北ドイツ連邦の王令を歓迎すると公言していた。この考えはアーミッシュの一部の進歩派にも共有されており、一八六七年にドイツ・ヘッセン州のオッフェンタール村で開かれた会合でメノナイトとアーミッシュの代表者が協議して作成した「オッフェンタール信仰告白」にも兵役の問題は個人の判断に任せると記されていた。

再洗礼派のノンレジスタンスは形骸化の危機に瀕していた。しかし妥協を拒み、西プロイセンを経由してアメリカやカナダに移民する人たちもいた。全体としては、ヨーロッパに残った再洗礼派は立憲国家に適応して兵役ないし代替役務に応じる姿勢を示し、北米に移った再洗礼派は古い分離主義とノンレジスタンスの立場を守ろうとしていたと言える。

帝政ロシアにも及んだ国民皆兵制度

ところで、ウクライナで暮らしていたオランダ・北ドイツ系のメノナイトたちにも新たな試練が訪れた。クリミア戦争でトルコに敗北した後、近代化のための改革を進めるロシア皇帝アレクサンドル二世が一八七〇年に国民皆兵制の導入を決め、メノナイトにもこれを適用すると通告してきたからである。メノナイトの代表者たちがサンクト・ペテルブルクに赴き、エカチェリーナ二世の時代からの特権について説明し、兵役免除の継続の交渉を行うが、得られた回答は軍隊内の非戦闘部門(医療関係など)での勤務で代替することは認めるとしても特別税による兵役自体の免除は不可、というものであった。当時ウクライナには四万人を超えるメノナイトが住んでいたが、彼らのうち古い伝統に忠実な人々は北米移民を決意する。その数は一万八〇〇〇人であった。そのなかでもっとも保守的なグループに属する約八〇〇〇人は、ウクライナでの古い特権と同じ条件での受け入れを約束したカナダ（とくにマニトバ州）に渡り、その他はアメリカ合衆国各地に移住している。

彼らはロシア・メノナイトと呼ばれ、北ドイツの方言（低地ドイツ語）と習俗、そしてウクライナ時代に形成した独特の食文化をアメリカにもたらした（たとえばヴェレニケと呼ばれるダンプリングすなわち餃子状の肉詰めは現地の人々が食していたペリメニとほぼ同じものである）。彼らはスイス系のメノナイトやアーミッシュとは明らかに異なるエスニック集団であった。ただし、このころ北米に移住したメノナイトのなかには、他派に移る人たちもいた。たとえば一八七四年にウクライナからアメリカに渡ったトバイアス・ラッツラフと四人の娘たちは、多くのロシア・メノナイトが定住したザ・ダコタス（とくにサウスダコタ州）ではなくアイオワ州ジョンソン郡のアーミッシュに合流している。理由ははっきりしないが、親類がいた可能性もある。

サウスダコタ州およびカンザス州には、同じ一八七四年、プロイセンから来た一五九人のアーミッシュが定住している。そのなかにヴァルトナー姓の人たちが含まれていたが、これは本来フッター派の家名である。その背景は、あるフッター派の男性とアーミッシュの女性がウクライナのヴォルィーニ（ウォリニア）地方で結婚し、けっきょくメノナイトに加わったことにあるとされる。再洗礼派は一六世紀から枝分かれしているが、共通点も多いため、相互の交流が起きるのは自然なことである。

3 スイスとオランダの変化

スイスでも義務化される兵役

フランス革命の影響を受けて一七九八年に成立したヘルヴェティア共和国の憲法は信仰の自由を認めていた（ヘルヴェティアはスイスのラテン名であり、古代ローマ時代にスイス一帯に住んだケルト人の部族名に由来する）。対象はキリスト教だけであるが、再洗礼派にとってそれは長い迫害時代の終焉を意味した。兵役に関して共和国は再洗礼派に無理な要求をせず、特別税を支払えば免除を認め、憲法遵守の宣誓も「はい」の発声で許す寛容さを示した。しかし一八〇三年に始まるナポレオン支配のなかで保守化の流れが起き、市民権の付与は従来の国家教会の幼児洗礼と結びけられ、婚姻の証明も同じ扱いとなったため、たとえばベルンの再洗礼派の信徒は改革派教会に事実上従属する身となった。ただし一九世紀前半以降、再洗礼派の生活ぶりに感銘を受けて新たに加わるスイス人が出るようになったことは注目に価する。一八一五年にスイスでも旧体制の復活が進むが、再洗礼派は兵役免除の対象でありつづけた。

ところが一八四八年のスイス連邦憲法および一八七四年の改正憲法はスイス人男子の兵役義務を定めており、再洗礼派の信徒も例外扱いしない建前であった。免除の可能性はあったが、それは各州の定める規則によった。ベルン州などでは宗教上の理由で戦闘員になれない者は非戦闘員の任務(救護班など)でよいとする規則が設けられることになるが、将来の不安をぬぐえないメノナイトやアーミッシュは次々にアメリカをめざした。残留組にはドイツの場合と同じように進歩派が多く、戦闘員になる者もいた。

同化するオランダ・メノナイト

オランダの再洗礼派(メノナイト)は早くから寛容の対象となり、次第に市民社会に溶け込んで経済的にも成長していた。たとえば一八世紀後半のハールレムのメノナイト商人・銀行家ピーテル・テイラー・ファン・デル・フルストは巨万の富を築き、芸術と自然科学に傾倒して大規模な蒐集品を残している(それらはオランダ最古の博物館とされるテイラー博物館で現在も公開されている)。テイラー・ファン・デル・フルストは啓蒙思想を身につけた博愛主義者であり、平和を尊んでいたが、ノンレジスタンスの信念とは距離を置いていた。

オランダ・メノナイトは市民革命以前の時代には街路に面した教会をもてず、正面の建物の奥に設けた隠し教会(シャイルケルク)で礼拝を行わねばならなかったが、それはカトリックもルター派も同じであった。一九世紀もその状況自体はほとんど変わっていないが、市民的自覚はいっそう深まり、ナポレオン戦争期には軍隊に志願するメノナイト青年も現れる。やがて政治家になる者、海軍大臣やオランダ領東インド総督になる者も出た。オランダでは一八九八年にメノナイトに対する兵役免除規定のない国防法が定められるが、これに反対するメノナイトはいなかったとされる。一八世紀に二〇万人いたオランダ・メノナイトは、リベラルなコレギアント派やユニテリアンに影響されて衰退し、一九世紀はじめには三万人に減っていた。一般社会の悪と暴力から自己を分離し、ノンレジスタンスを貫くタイプのメノナイトやアーミッシュの大半は、すでにオランダを去っていた。

4　南北戦争によるアメリカの分断

アーミッシュとエイブラハム・リンカン

独立後のアメリカでは、メノナイトだけでなくアーミッシュの進歩派も政治に関心をもつようになった。彼らのなかには北部を地盤として「自由」を強調するホイッグ党およびその後継政党としての共和党の支持者が多かった。これには、メノナイトとアーミッシュが奴隷所有を認めていないことも関係していた。イリノイ州のアーミッシュの学校教師ジョセフ・ヨーダーは共和党への投票を呼びかけ、仲間たちを動員している。彼らは、同州のスプリングフィールドの弁護士であったエイブラハム・リンカンとも交流していた。イリノイ州のアーミッシュ進歩派は、現世の悪との分離を説いてきた再洗礼派の伝統をすでに相対化していた。しかし、奴隷労働に依存しない産業の育成と保護貿易を主張するリンカンが一八六一年に大統領に就任し、奴隷制と自由貿易を支持する南部との対立が決定的となって南北戦争が始まると、アーミッシュは苦境に陥る。メノナイトも同様であった。彼らのあいだにはノンレジスタンスの堅い信念をもつ人たちもいたからである。

身代わり兵士

北部でも南部でも徴兵が実施されたが、メノナイトやアーミッシュを無理に従軍させることはなかった。とくにリンカンは人民の良心を強制することを好まず、再洗礼派にもクエーカーにも無理な従軍を求めなかった。北部では代理兵士(身代わり)の確保のために三〇〇ドルを納めれば兵役を免除するとの規則が一八六三年に定められたが、それには反発が強かったため、翌年には傷病兵の救護のための野戦病院勤務か、同年の奴隷解放令によって自由の身となった黒人たちの支援事業か、あるいは傷病兵の救援のための特別税の納入(三〇〇ドル)のいずれかを選択することができるようになる。こうした配慮をよそに兵士となって激戦地におもむくメノナイトやアーミッシュもいた。ただしその数は多いとは言えない。一八六二年にオハイオ州ホームズ郡で徴兵された四〇五人のうちアーミッシュは六八人であったが、じっさいに銃をとったのは二人だけであり、その他は代替役務を選んでいる。

割れる意見

アーミッシュのビショップたちのなかには、アイオワ州ジョンソン郡のジェイコブ・シュヴァルツェントルーバーのように、神が戦争によって人間の罪を罰していると説く指導者もいた。こういった考えは、リンカン大統領がこの戦争は神による「試練」であると述べ、それは奴隷制の悪(罪)が招いた惨禍であると示唆したことを思い起こさせる。しかしシュヴァルツェントルーバーのほうは完全な非暴力主義者であった。彼はビショップたちの集会で朗読するための書簡のなかで、キリスト教徒は殉教の死を覚悟して愛敵を実践すべきであり、剣をとって復讐することは断じて許されないと主張し、再洗礼派の古い伝統に立ち返ることを求めた。彼は代理兵士の制度も特別税も戦争協力であって殺人の手助けになるから拒否しなければならないと説いた。また特定の政党を支持し、選挙のさいに投票を行って政治に関与することは争いの原因になるから慎むべきであるとも述べている。なおリンカン大統領は、当時の多くのプロテスタントの牧師やアーミッシュの信徒たちと同じく、軍人の好む口髭を剃り、平和を愛する指導者としてのイメージをつくりだしていたが、敵対する南部諸州を屈服させるまで戦争をやめるつもりはなかった。

南北戦争は再洗礼派系の教会に属する人たちがノンレジスタンスの理念を再確認する契機となり、保守派(原理主義者)の台頭をもたらした。ペンシルヴァニア州ランカスター郡のアーミッシュの年老いたビショップ、デイヴィッド・バイラー(七六歳)もそのひとりであった。彼は上述のジェイコブ・シュヴァルツェントルーバーと同じく南北戦争を神罰ととらえ、アーミッシュは世俗化と富裕化に抗して質素・謙遜・聖書の教えへの服従の生活を送るべきだと主張し、多くの共鳴者を集めた。

メノナイトの世界でも同じことが起きており、インディアナ州エルクハート郡の出版業者ジョン・F・フンクは、一八六四年に創刊した『ヘラルド・オブ・トゥルース』誌をつうじてノンレジスタンスの理想の回復を訴え、とくに代理兵士制度の弊害を告発した。同誌にはペンシルヴァニア州ランカスター郡のメノナイト改革派(厳格派)に属する医師で文筆家のダニエル・マッサーの代理兵士制度反対論も掲載されていた。マッサーは一八六四年に『ノンレジスタンスの真実』という書物を出版するが、これは絶対的非暴力主義を唱えていたロシアの文豪トルストイの目にとまり、彼が平和主義・非暴力主義のキリスト教的起源について探究した『神の国は汝らのうちにあり』(一八九四年)のなかで言及されている。トルストイはマッサーに依拠し、アメリカには「無抵抗主義あるいは非防衛主義のキリスト教徒」がおり、彼ら（厳格なメノナイト）はけっして武器をとらず自国の防衛さえ拒むかわりに国家による保護を受けず、警察や裁判所に頼らないと述べている（引用部分は北御門二郎訳による）。

逃げまどうメノナイトとアーミッシュ

南北戦争中のノンレジスタンスの実践者たちは、戦場で兵士が経験するのと同じくらい恐ろしい体験をしていた。とくに南部に属するヴァージニア州の状況は厳しかった。ヴァージニアのシェナンドー渓谷には一定数のメノナイトが住んでいたが、兵役もしくは五〇〇ドルの代理兵士費用の納入を求められたため、彼らの一部はダンカーたちとともに北部（オハイオ方面）に向けて逃亡を企てる。その数は約九〇人であった。しかし彼らは追手によって逮捕され、ハリソンバーグとリッチモンドの刑務所に投獄されてしまう。一八六四年には北軍のシェリダン将軍の軍隊がシェナンドー渓谷に押しよせ、激戦を繰り広げただけでなく、民間施設も次々に破壊した。このころには山中に隠れて過ごすメノナイトの家族もいた。

自由州ペンシルヴァニアと奴隷州メリーランドを分けるメイソン・ディクソン線の両側にまたがるかたちで農場をもっていたアーミッシュのビショップ、ダニエル・ビーチーは北軍と南軍の両方に宿営地の提供を求められ、食料や家畜（馬）を供出させられた。ビーチーはノンレジスタンスを貫き、戦闘が起きたときのために身を隠す洞穴を確保していた。ビーチーの農場の近くに住むペータースハイムという名のアーミッシュは南軍に家を没収されて監禁され、銃を手渡されて北軍がやってきたら撃つように命じられたが、ひたすら身をかがめ、恐怖の時間が過ぎ去るのを待った。もちろん彼は、だれにも銃を向けることはなかった。こうしたことは、各地のアーミッシュたちの家族の伝承(ファミリーロア)として伝えられ、研究者たちによって書籍や論文に書きとめられている。

止まらない分裂——オールド・オーダーの出現

南北戦争中、アーミッシュの世界は論争と分裂に見舞われた。そのさいの議論はノンレジスタンスの立場を続けるか修正するかだけでなく、政治や社会とのかかわり方、洗礼のあり方、破門と交際忌避のあり方、聖霊体験と救いの確証の問題、さらには自動車の利用の可否から服装の規制にまで及んだ。議論の場は教役者(ビショップ)会議と呼ばれる広域的な集会であった。第一回は一八六二年にオハイオ州のウェイン郡で七〇人のビショップによって行われた(オブザーバーも含めれば四〇〇人が集った)。それ以後一八七八年までほぼ毎年、中西部のいくつかの州で開催されるが、けっきょく意見の一致は得られなかった。その過程でアーミッシュの約三分の一が二〇〇年前の伝統に帰ろうとする保守派すなわち「オールド・オーダー・アーミッシュ」となり、残りの三分の二が進歩派の「アーミッシュ・メノナイト」となって別々の道を歩むことになる。二〇世紀に入るとオールド・オーダー・アーミッシュからやや進歩的な「ビーチー・アーミッシュ」が分離し、前者が禁じている電話や自動車の所有も認めるようになる(ビーチー・アーミッシュという名称は最初の指導者の家名に由来する)。ただしノンレジスタンスの立場はオールド・オーダーと同じである。アーミッシュ・メノナイトにおいては、本来のメノナイトと合流する動きがたびたび生じている。ここでいう本来のメノナイトとはスイス系・西南ドイツ系の「オールド・メノナイト」と通称されるグループであり、ロシア・メノナイトのことではない。

上述の二派とは別のグループもアメリカ各地に生まれていた。たとえばイリノイ州アダムズ郡のビショップ、ヘンリー・エグリは聖霊による新生の体験を重んじ、これを経た人に洗礼を施す方針をとった。個人の改心と救いの確証を重視するエグリの立場は、プロテスタント主流派の世界でたびたび起こっていたエモーショナルな信仰復興運動(リバイバリズム)に近いものであり、伝統的な再洗礼派の信仰理解とは異なっていた。そのせいでエグリの主張は多方面から批判を浴びる。そのため彼と彼の支持者たちはビショップ会議に代表を送らなくなり、独立の道を進むことになる。一八六五年から翌年にかけてのことである。ただし彼ら「エグリ・アーミッシュ」はノンレジスタンスの古い伝統を守っており、一九〇八年に「デフェンスレス・

メノナイト・チャーチ」を正式名称とした。彼らは第二次世界大戦後になると他のプロテスタント教会にも広くみられた福音派的傾向(すなわち反理性主義的で個人の宗教的体験を重視する傾向)を示すようになり、一九四八年に「エヴァンジェリカル・メノナイト・チャーチ」と改称している(二〇〇三年には「フェローシップ・オブ・エヴァンジェリカル・チャーチズ」となり、メノナイトの看板を外すにいたっている)。

一九一三年ごろには、オハイオ州ウェイン郡アップル・クリークのビショップ、サミュエル・E・ヨーダーを中心にウルトラ保守に分類されるグループが形成され、分離主義の徹底と生活の簡素化を呼びかけた。彼らは電気だけでなくガスランプも現世的価値観が生んだ器具と位置づけて使わず、また住居内にバスルームを設置しない。彼らは二代目のリーダーの名をとって「シュヴァルツェントルーバー・アーミッシュ」と呼ばれる。アーミッシュがたびたび分裂を経験した一九世紀後半以降には、メノナイトの世界でも同じ現象が起きていた。とくに注目されるのは、ノンレジスタンスを含む伝統的な価値観を重視する「オールド・オーダー・メノナイト」の出現である(この動きはカナダにもみられた)。彼らのなかには新しいテクノロジーの使用を制限し、服装を規制し、馬車(ホース&バギー)を用いるグループもある。彼らはアーミッシュに近いと言える。

多様性と同質性

移動の頻度の高い再洗礼派の場合、北米大陸の広さを考えれば、分裂と多様化は不可避であったと考えられる。アーミッシュやメノナイトはカトリック教会のような世界的規模の聖職階層制や公会議とは無縁であり、カリスマ的・独裁的な教祖の君臨を特徴とする「カルト」でもないから、分散性が強まって当然である。ただしアーミッシュ・メノナイトとオールド・メノナイト、ロシア・メノナイトはそれぞれ協議会(カンファレンス)をつくって可能なかぎりの統一と協力をはかっている。オールド・オーダー系はコミュニティーの自立性を重んじる点で地域的個性が強いが、言語的・文化的な共通性は大きく、教会規則(オルドヌング)の共有・継承の範囲も広いため、全体として観察すれば同質性は高いと言える。

南北戦争の時代以降、再洗礼派の諸集団はこのように別々の道を歩んだが、二〇世紀には非常に大きな共通の困難を経験することになる。それは二度の世界大戦である。

第6章

両大戦の試練

ウクライナからアメリカに逃れるためにオランダ(マルティンスデイク付近)に滞在するロシア・メノナイト難民(1947年4月). アルトゥール・フォート撮影

1　ドイツ・メノナイトとナショナリズム

一度きりの発砲

一九三六年、当時のドイツ・メノナイト教会連盟が採択した新憲章の序文には「ドイツのメノナイトは一八〇〇年ごろから自らが属する民族(フォルク)と国家(シュタート)への責任と義務をふたたび感じるようになった」と記されている。これは事実上のノンレジスタンス理念の放棄の宣言である。現実に一八世紀後半から徴兵に応じて武器をとるメノナイトたちが現れていた。郷土愛は愛国心に容易に接続され、新しい時代の自由と平等の理念も大きな牽引力をもっていた。一八七〇年の普仏戦争に参加したプファルツのヴァイアーホーフのメノナイト青年トーマス・レーヴェンベルクは、パリ攻略のときの体験を次のように書き残している。「軍人の身分には麗しい側面もありますが、戦争自体は苦しみの連続でした。ただし神の計らいによってわたしにはたったの一回しか発砲する機会がありませんでした。戦争中のさまざまな体験は貴重で、けっして無駄ではありませんでした。しかしわたしは、あのような戦争に二度と参加したくはありません」。レーヴェンベルクの述懐は、いわばふつうの戦争体験者の率直な声であり、父母・祖父母の世代が守ってきたノンレジスタンスの教えをどう内面的に整理していたのかはわからない。しかし、前章でふれたフォン・ベッケンラートやマンハルトの主張か、それに近い立場の教会指導者の説明で納得していたものと思われる。

一八七一年に成立したドイツ帝国はノンレジスタンスの信念に従う人たちには非戦闘部門の任務を与える北ドイツ連邦の王令を受け継いだため、メノナイトやアーミッシュは無理やり銃をとる必要はなかったが、相当数のメノナイトが自主的に通常の軍務についた。プファルツのゼンバハで牧師を務めていたヨハネス・ファン・デア・スミッセンは、普仏戦争の勝利を祝う式典で神がドイツ人に勝利を与えたと述べている。ナショナリズムの渦はメノナイトの信徒たちも呑み込んでいたのである。

ナショナリズムを超えて

第一次大戦が始まる前、一九一三年にドイツ帝国内で徴兵されたメノナイトは五九人であったが、非戦闘員の任務を選んだのは二一人である。これはこの時代のドイツのメノナイト教会の雰囲気をよく伝える数字である。メノナイトは宗教的マイノリティでありつづけたが、軍務については他のドイツ人とほとんど変わらなくなりつつあったと言える。ノンレジスタンスの

The Principle of Nonresistance
As Held by the Mennonite Church

AN HISTORICAL SURVEY

By
John Horsch

SECOND EDITION, REVISED AND ENLARGED

Press of the
MENNONITE PUBLISHING HOUSE
Scottdale, Pennsylvania
1939

図 6-1　ジョン・ホルシュ『メノナイト教会のノンレジスタンス原則』(1939 年版)

信念を貫こうとする人たちはドイツを去っていたから、それも当然のことであった。バイエルンの小都市ギーベルシュタット出身のジョン・ホルシュは、ヴュルツブルクの農業学校を卒業したのち、兵役を避けるために一八八七年にアメリカに移住し、ペンシルヴァニア州ウェストモアランド郡スコットデールにあるメノナイト・パブリシング・ハウスで編集と執筆の仕事に携わり、数多くのドイツ語の出版物を刊行したが、ノンレジスタンスについても『無抵抗に関する聖書の教え』(一九二〇年)を書き、そのなかで偏狭なナショナリズムを強く批判している。ホルシュによれば、「祖国愛は家族愛と同じくキリスト教的であるが、もし自分の家族を愛するだけで他の家族を愛さないとすればそれは非キリスト教的である。同じようにキリスト教的な祖国愛は、外国の人たちも同じように自分たちの祖国を愛する権利を有することについての理解をつねに備えていなければならない」「キリスト教は完全にナショナリズムを超えた教えである」「そして戦争はキリスト教の超国家的な性質を完全に否定するものにほかならない」。こうした主張に耳を傾けるメノナイトは、すでにドイツには少なくなっていた。ホルシュはこの著作をドイツ語で書いたのだが、その後に英語でも『メノナイト教会のノンレジスタンス原則』(一九二七年初版)を公表し、第二次大戦中まで改訂版を出しつづけた。

第三帝国の軍服

ドイツにはナチス(国民社会主義ドイツ労働者党)に協力するメノナイトもいた。ナチス側が支持層を広げるために積極的に働きかけていたからである。一九二〇年に制定されたナチスの綱領には、ゲルマン民族の道徳に反しないかぎり、どのような宗教団体にも自由を与えるべきだと書いてあった。そしてナチスによれば、メノナイトは長い孤立状態のなかで人種的純粋性を保ってきた理想的なドイツ人であった。ロシアの地でボリシェヴィキの弾圧を受けているメノナイトもそうであった。メノナイト側にもナチスに同調する人たちがおり、一九三〇年代にナチスが掲げた「帝国《ライヒ》に帰れ」のスローガンに反応するメノナイトの知識人もいた。彼らが願っていたのは、もちろん、ポーランドやウクライナ(ロシア領)に住む仲間たちの「帰還」である。

とりわけ一九二〇年にウクライナのモロチャンシク(ハルプシュタット)からドイツのカールスルーエに移ったメノナイトの教師ベンヤミン・ハインリヒ・ウンルーは、宗教を敵視する共産主義の脅威に「ドイツ民族の魂」をもって対抗しなければならないと説いた。彼はバーゼル大学とハイデルベルク大学で歴史と神学を学び、カールスルーエ工科大学でロシア語とロシア文学を教えた知識人であり、ウクライナのメノナイトの移住先をさがす活動をしていた。

ダンツィヒの牧師エーリヒ・ゲットナーにいたっては、ヒトラーが『我が闘争』(一九二五―二六年)で訴えた人種の純粋性の維持は神が与えた使命だと力説している。そのころメノナイトたちのあいだでは家系研究がさかんになり、たとえばウクライナに住むメノナイトの故地のひとつはフリースラントであり、そこは生粋のドイツ人の土地であったといった「調査結果」が公表されていた。なおウンルーはノンレジスタンスの伝統を守る価値はないと考えており、メノナイトもドイツ民族の戦争に参加すべきだと説いている。最初に述べたとおり、ドイツのメノナイト教会連盟はノンレジスタンスの信条をとりさげ、兵役の問題を個人の良心に委ねる方針をとった。こうして多くのメノナイトの青年たちが第三帝国の軍服を着ることになる。

メノナイトの知識人は、ナチスが反体制的と見なした宗教団体の弾圧にも手を貸していた。一九二〇年代にヘッセンのフルダ近郊、レン山の麓に新約聖書の精神に従って財産共有を行うレン・ブルーダーホーフという共同体が設立され、フッター派の影響も受けながらひっそりと運営されていた(ブルーダーホーフは兄弟の共同体という意味のドイツ語である)。その指導者エバーハルト・アルノルトは再洗礼派の歴史を調べてその影響を強く受けていたため、ブルーダーホーフの信徒たちは愛敵と無抵抗の教えを実践しており、メンバーのなかには徴兵を逃れるためにカナダやリヒテンシュタインへの亡命を企てる者もいた。そのためレン・ブルーダーホーフはゲシュタポの監視を受けるようになり、一九三七年に至って閉鎖と財産の没収、指導層の逮捕、信徒の追放が実行に移された。そのさいにはバイエルン出身のメノナイト牧師ミヒャエル・ホルシュが宗教的見地からの調査と意見書の作成に応じていた。彼の意見は、ブルーダーホーフには不正な行いがあるというものであった。

ナチスを拒んだメノナイト

もちろん、ナチスに忠誠を誓わないメノナイトもいた。ダンツィヒのメノナイト信徒ヘルマン・エップは、一九四三年に障害のあるわが子をナチスに連れ去られ、安楽死させられたことで反体制的になり、「ヒトラーにはドイツの指導者としての能力はない」と発言したとして逮捕され、シュトゥットホーフ強制収容所に送られている。しかし、その後の裁判で無罪になって帰還することができた。裁判では逮捕前の発言に関する十分な証拠がないとされたが、ここにはエップ一族の影響力が働いていたかもしれない。エップ一族の最有力者ゲルハルト・エップはナチスに協力する軍需工場の経営者であり、シュトゥットホーフ強制収容所のユダヤ人を無償で働かせていた。ダンツィヒのメノナイトたちは基本的にナチス政権に従順であった。

ヴァイアーホーフのメノナイト牧師で歴史家でもあったクリスチャン・ネフは、一九四一年のクリスマスの説教で反戦の立場を表明し、人間が憎悪に駆られて殺し合って殲滅戦を繰り広げることは神に背く行為だと説いた。この発言はナチスドイツをじかに批判するものではなかったからか、ネフは逮捕を免れたが、こうした内容を記した出版物を発行することを禁じられたと伝えられている。

　ドイツに占領されたアルザスのコルマールの営林局に勤務していたメノナイト、エミール・クレマーは、第一次大戦に従軍した経験があったものの、帰還後に考えを変えて信仰に生きることを決心し、メノナイト教会の牧師になっていた。彼はナチスに協力を拒んだため、一九四二年にゲシュタポに逮捕され、精神病院に入れられた。息子のジャン・ポールもナチスへの忠誠(誓約)を拒んでおり、反抗的な姿勢が強いとしてブーヘンヴァルト強制収容所に送られた。ここは拷問と飢餓と医学的人体実験で悪名高い施設であるが、一九四四年にジャン・ポールは脱走に成功し、アルザスに帰ることができた。

　ナチス占領下のオランダでは、ボルネのメノナイト牧師レニー・バクホーフェンが教会関係の施設や個人の家でユダヤ人の子どもたちをかくまう活動を行っていた。彼女は一九九七年にイスラエルによって「正義の人」に認定され、ヤド・ヴァシェム(ホロコースト記念館)の「名誉

図6-2　クリスチャン・ネフ牧師の眠るヴァイアーホーフの墓地

の壁」にその名が記されている。

ドイツに住むアーミッシュは次々に北米に移住し、最後に残ったのはプファルツのイクスハイムの小教会であるが、そこも人数が減り、けっきょく近接するエルンストヴァイラーのメノナイト教会と一九三七年に合同し、その歴史に幕を閉じた。二つの教会はこれを機にツヴァイブリュッケン・メノナイト教会と称した。

2　ロシア・メノナイトの苦難

収容所での代替役務

兵役を免除するエカチェリーナ二世の古い約束は、その後のロシア皇帝たちによって、また革命政府の指導者たちによって何度も反故にされ、そのたびにメノナイトの移民の波が起きた。一八七四年に定められた兵役法は宗教的理由による兵役免除を許しておらず、メノナイトの信徒も、最低限、非戦闘員の任務につかなければならなかった。しかし彼らは軍部と交渉し、軍隊には属さない公的機関のもとで営林や消防の任務を担うキャンプ(収容所)を設けて収容期間中も礼拝や宗教教育を行える仕組みを提案する。この提案はロシア軍部のドイツ系の将軍トートレーベンの仲介でアレクサンドル二世の認めるところとなった。そして一八八〇年に国土省管轄下にメノナイトのための森林事業施設が誕生する。入所者は四年の収容期間中、軍服に近い制服を着用しなければならず、軍隊式の規律が課されたが、監督官はメノナイト教会が選ぶことができた。施設の運営資金も教会が負担することになっていた。この収容所での代替役務を選ぶメノナイトは増えつづけ、一九一三年には一〇〇〇人を超えた。ただしロシア・メノナイトのなかでもっとも保守的な分派であるアポストリック・ブレズレン(使徒兄弟団)の信徒たちは、こうした役務も軍務と同じだと考えて拒否しつづけた。けっきょく彼らの選択肢は、抵抗せずに投獄されるか、国外に亡命するかのいずれかであった。

第一次大戦(一九一四—一八年)が始まって徴兵が強化されると、代替役務につくメノナイトは一万四〇〇〇人に及んだ。この時代には、傷病兵のための救護施設も設けられており、そこで働く者もいた。これらのタイプの代替役務は、日露戦争(一九〇四—〇五年)のときに始まっていたとされる。ロシア・メノナイトのための代替役務制度は、第二次大戦中のアメリカにおける良心的兵役拒否者(コンシェンシャス・オブジェクター/CO)向けの代替役務すなわち市民的公共奉仕(シビリアン・パブリック・サービス/CPS)を先取りするものであった。またそれは、イギリスが一九一六年の兵役法によって徴兵制を導入しつつクエーカーに対する兵役免除の歴史も考慮して良心的兵役拒否を認め、非戦闘部隊(ノンコンバタント・コー/NCC)や道路工事などを行うワークセンターを設立するよりずっと早い取組みであった。なお良心的兵役拒否という用語は一九一六年以降のイギリスでひろく使われるようになったもので、これを実践する兵役拒否者たちは現役の兵士たちから呆れられ、憎まれ、コンチーという蔑称で呼ばれた。

反ドイツの風潮

第一次大戦期のロシアでもナショナリズムが高まっており、ドイツ人の血をひくメノナイトへの風当たりは強く、ドイツ語の使用禁止やドイツ風の地名のロシア化(たとえばサンクト・ペテルブルクからペトログラードへの変更)、私有地の収公などが行われていた。ウクライナに住むメノナイトのなかには、ドイツ帝国ではなくロシアに恩義を感じる人たちも多かったから、このことは大きな失望をもたらした。なお一八世紀後半以降、コルティィッツァやモロチナのメノナイト居住地(コロニー)は当局の指導で自治役人としての村長(シュルツェ)を選び、世俗的な面でのリーダシップを担わせていた。村長は裁判権も行使できた。宗教面では長老(牧師)が指導者であり、一八世紀前半には戦時の特別税に反対する分派が組織されるなど、村長派との対立が起きることもあった。ただしロシア・メノナイトの世界では村長も長老も権威主義的であり、女性蔑視の傾向も強かった。性的虐待や家庭内暴力が「赦し」の教えによって隠蔽されていたとの告発もある。

ロシア革命後の大量移民――南北アメリカへ

一九一七年のロシア革命はメノナイトを窮地に追い込んだ。レーニンはコロニーの自治権を奪い、社会主義的統制を進めた。ドイツ系住民は相変わらず警戒の対象であり、しかも社会主義者たちは宗教を封建社会の遺物として敵視していた。レーニンは富農（クラーク）の撲滅をスローガンのひとつにしていたが、その矛先はメノナイトにも向けられた。スターリンが権力の座につくと事態はさらに悪化する。スターリンは宗教団体令を発して礼拝行為を屋内に限定させ、伝道や慈善活動を禁止した。聖職者たちは反革命勢力として監視され、サボタージュやスパイの容疑をかけられて逮捕された。一般信徒もいわゆる集中収容所（強制労働収容所）に入れられたり、強制移住させせられたりした。メノナイトはロシアに住む数多くの少数民族や富農に分類された人々と同じ被害を受けたのである。当時ウクライナ（クリミア半島を含む）には七万五〇〇〇人のメノナイトが住んでいたが、彼らの大半が国外への脱出を願っていた。これに応じるために、アメリカのメノナイトが中心になって一九二〇年に人道援助を目的とするメノナイト中央委員会（MCC）がつくられた。ドイツにもメノナイトの避難民を受け入れるための複数の団体が設立されている。こうした団体の支援もあって一九三〇年までに二万人以上のメノナイトがカナダに逃れることができた（アメリカでは移民法による受け入れ制限が厳しくなっていた）。一九二九年には六〇〇〇人がドイツに向けて出国している。

当時もっとも良い条件（信仰の自由、兵役の完全免除、教育を含む自治、ドイツ語使用の自由など）をメノナイトに示していたのはパラグアイである。一九二七年に一八〇〇人、一九三〇年から三二年にかけてさらに二〇〇〇人のロシア・メノナイトがこの南米の国に到来した。彼らが土地を得たのは西部のチャコ地方であり、入植地はフェルンハイム・コロニーと名づけられた（フェルンハイムとはドイツ語で「遠くの家」という意味である）。寒冷地で小麦やジャガイモを栽培していたメノナイトたちも亜熱帯の新環境に次第に適応し、サトウモロコシ、甘藷、ピーナツ、キャッサバ、綿花などを栽培するようになる。彼らのなかには、シベリアのシュマノウカという村を出てアムール川沿いに中国に入り、ハルビンからMCCの支援で渡航してきた三六七人のメノナイト避難民も含まれていた。一九四五年以降はウルグアイもロシア・メノナイトを受け入れている。その北のボリビア、メキシコ、ベリーズも同様である。中南米の国々がメノナイト移民を歓迎した理由はさまざまであるが、白人の人口を増やしたい思惑もあったとされている。

ところで、ソヴィエト時代の初期には帝政時代の森林事業施設が残っており、ノンレジスタンスの信念に従うメノナイトを収容していた。トルストイ主義者ウラジーミル・チェルトコフが当局にかけあった結果である。ただしそこでの役務は過酷であり、耐えがたいものであったとされる。それも一九三九年にスターリンによって廃止され、兵役拒否者には投獄と処刑の運命が待っていた。戦争の暴力を拒否する人たちが権力者による暴力の標的になる事態は再洗礼派の歴史のなかで幾度となく起きてきた。その系譜を古代ローマまでさかのぼり、キリスト教の信仰を理由に兵士になることを拒み、即座に斬首されたヌミディアの聖マクシミリアヌス(二七四—二九五年)を第一号と見なす歴史家もいる。

3 アメリカの代替役務制度

良心的兵役拒否者(CO)への不信感

第一次大戦が始まって三年近くたった一九一七年四月にアメリカがドイツに対して宣戦布告を行って参戦したことは、メノナイト、アーミッシュ、フッター派、ダンカーたちを驚かせた。ウィルソン大統領はヨーロッパの戦争には関与しないと言明してきたからである。やがて徴兵が開始され、二〇〇万人もの若者たちがヨーロッパの戦線に送られることになる。ノンレジスタンスを信条とするCOたちは、かつてウクライナで行われていたような、そしてイギリスで始まったような非戦闘部門での代替役務の制度が導入されるのを待った。隣国カナダでは宗教的理由の兵役免除は一九一八年から制度的に認められなくなり、COもいったん入隊し、司令官に帰休を願い出るしかなくなっていた。ただし現実的には、兵役拒否が予想される教派の若者には徴兵猶予の措置がとられることもあった。当局は兵役に関する不平等・不公平の批判をかわそうとしていた。

国家の要請に応じない（自分勝手な）宗教団体に強い不信感を抱く人々はアメリカにもおり、襲撃を受けて荒らされる教会や集会所もあった。たとえば一九一八年、イリノイ州ウッドフォード郡の小村メタモラにあったアーミッシュ・メノナイトの集会場の壁に何者かが黄色いペンキで「わたしたちは怠け者です」「わたしたちは戦争債を買いません」「わたしたちはドイツ皇帝が大好きです」と大書する事件が起きた。アーミッシュ・メノナイトはオールド・オーダー・アーミッシュとは違って進歩派であるが、この村ではほぼ全員が兵役を拒否していた（この村のアーミッシュ・メノナイトのうち、兵役年齢の若者は二〇人あまりであった）。

軍服着用拒否と横行する暴力

第一次大戦時のアメリカの兵役法はCOに対して兵役免除ではない方法での特別対応を謳ってはいたが、何をさせるかは明示しておらず、現場ではとりあえず彼らを軍隊に入れ、非戦闘部門で働かせる方針がとられた。具体的にはアーミッシュやメノナイトを別に集合させて非戦闘員としての任務を示し、受け入れる者にはそれを実行させ、軍隊が命じる仕事はいっさいできないと主張する者は仮収容所に送り、政府からの指示を待つというやり方である。収容所では虐待が横行し、看守(兵士)たちがアーミッシュ独特の顎鬚を剃って侮辱したり、「洗礼」と称して水攻めにしたり、殴る蹴るの暴行を加えたうえで野外に長時間立たせたり、全力で走らせてバイクで追跡したりした。目的はノンレジスタンスの信念を棄てさせることであったとされる。上述のイリノイ州メタモラ村のアーミッシュの若者たちも仮収容所に入れられたが、ノンレジスタンスの姿勢を崩すことはなかった。

収容中に軍服を着ることを拒否するなど、反抗的と見なされたCOは軍法会議にかけられた。この時期の軍法会議の記録は五〇三件あり、そのうち三六〇件がCOを裁くもので、うち一四二件が終身刑、一七件が死刑であった。その他は五年から三〇年の懲役刑であった。罪状は多くの場合「命令違反」である。彼らの大半はけっきょく大統領による恩赦の対象となった。目的は脅しと懐柔によって服従を引きだすことであった。

第一次大戦中に受けた暴力とそれに屈しないCOたちの非暴力的な不服従の体験談は、アーミッシュやメノナイト、フッター派のあいだで長く語り継がれている。また来るかもしれない戦争の時代に備えるためである。オハイオ州ホームズ郡のウォルナットクリーク出身のエリ・E・トロイヤーら五人のアーミッシュ青年は同州ロス郡の軍事訓練施設に入れられたとき、軍服を着ることをかたくなに拒んだ。彼らは罰として自分たちの墓穴を掘ることを命じられ、その作業を終えると、軍服を着る最後のチャンスを与えるとしてひとりずつ兵舎に連れ込まれた。

そのあと四発の銃声が響き、四つの墓穴が埋められるのが遠くに見えた。五人は他の四人が射殺されて自分だけが残っていると思ったが、それは空砲による脅しであった。けっきょく五人のうちだれも軍服を着る者はいなかった。彼らは本気で銃殺を覚悟していたのである。『殉教者の鏡』の精神は健在であった。

サウスダコタ州のロックポート・コロニーというフッター派の集落に住んでいたホーファー家のジョセフ(二二歳)、マイケル(二三歳)、デイヴィッド(二八歳)の三兄弟と彼らのいとこであるジェイコブ・ヴィプフ(三〇歳)は、一九一八年に徴兵されたが、軍服の着用も非戦闘員としての任務(給食係や営繕係)も拒んだため、軍法会議にかけられ、カリフォルニア州の小島にあるアルカトラズ刑務所(当時は軍事刑務所)に送られた。彼らは鎖で体を縛られて独房の天上から下着一枚の姿で吊るされ、鉄棒で殴られた。食事はパンと水だけであり、彼らの衰弱は著しかった。その後四人は、冬が近づくころ、カンザス州のレブンワース教化隊の軍事刑務所に移送されたが、ジョセフとマイケルは移動の二週間後に相次いで死亡する。当局はインフルエンザによる肺炎が死因だと報告したが、拷問による衰弱も原因であったことは疑いえない。二人は移送の日、駅から刑務所まで走らされ、刑務所では連日、屋外に長時間立たされる拷問を受けていた。その後デイヴィッドとジェイコブはCOの意志を曲げないまま釈放された。戦争はもう終わっていたからである。いずれにせよ、自由の国アメリカにおいても、軍隊では違法な拷問やリンチが横行しており、COたちはその被害者であった。

市民的公共奉仕(CPS)の制度化

第一次大戦後、メノナイトやアーミッシュ、クエーカー、ダンカー(ブレズレン)など、COゆえの迫害を経験した諸教派は戦争と兵役に関する立場を明確にする努力を払った(ダンカーは一九〇八年に正式名称をチャーチ・オブ・ブレズレンと定めたので、ブレズレンの略称も用いられる)。

一九三七年八月、アメリカとカナダのメノナイトの代表者たちが集まる総会(ジェネラル・カンファレンス)の場で「平和、戦争、兵役」と題する宣言文が採択されたが、それは「父祖から受け継いだ素朴で平和的でノンレジスタントな聖書的信仰」を守り、「あらゆる形式の兵役と戦争協力」も受け入れないと断言するものであり、過去に生じていた妥協的な姿勢を完全に改める内容であった。その一方、この宣言文には、戦時であれ平時であれ、悲惨な境遇にある人たちに対する救援活動であれば、どのような危険を伴うとしても、よろこんで身を捧げたいと記されていた。ここにはアメリカとカナダの政府に代替役務の導入を求める意図があった。この宣言文にはアーミッシュも興味を示し、たとえば一九三九年にアメリカ各地のオールド・オーダー・アーミッシュの二二人のビショップたちが自発的に集まり、賛同の署名を行っている。

両国の政府も第一次大戦時と同じ混乱が起きないように代替役務の制度化を周到に準備して

いた。こうしてカナダでは代替奉仕業務（オータナティブ・サービス・ワーク／ASW）、アメリカでは市民的公共奉仕（CPS）の制度が導入されることになる。じっさいの運用開始は第二次世界大戦が始まって一年以上たってからであるが、事前に周知されていたため、混乱は少なかったという。カナダの場合、代替奉仕業務は国立公園の整備員、森林火災に対処する消防隊、精神病院の職員などから選択することになっていたが、メノナイトとアーミッシュには居住地での農作業を選ぶことも許されていた。

アメリカの場合は、営林事業所、土木事業所、農業試験場、精神病院、医学実験施設などでの勤務が代替役務として指定され、一万二〇〇〇人がそれらの仕事に従事した。洪水被害の復旧や行方不明者の捜索などに力を尽くしたCPS収容者もいた。彼らは収容所（キャンプ）で寝起きし、複数の教派の若者たちと交流する機会もあったため、視野を広げることができた。アーミッシュの場合は、進歩的な教派の考えを知り、退所後に古い厳格主義から離れるケースもあった。なおCPSの運営経費はCOの所属教会が負担することになっていたが、教会外からの寄付もよせられていた。

CPSの任務は戦場と同じ危険を伴う場合もあり、医学実験施設では新薬の開発のための人体実験の被験者となり、注射を打たれて死亡したCOもいるという。彼らはこの任務が悲惨な境遇にある病人たちを救うことになると信じ、命を失うことも覚悟していた。それは戦場の兵士たちの覚悟と同じであった。

歴史的平和教会

COたちの労苦を評価しない冷たい「世論」もあった。オハイオ州の『リーダー』誌には「COとは涼しい草原に寝ころがり、他人が額に汗して働くのを眺めるのが好きな男のことである」という記事が載り、ネブラスカ州の州都リンカンの『ステート・ジャーナル』誌には「COは日本かドイツに送り、われわれの兵士たちがCOを含めてわれわれを守るために戦わないとしたら、いったいどんなことになるか、わからせてやりたい」という読者の声が掲載された。一方、フランクリン・ローズヴェルト大統領夫人エレノアは『レディース・ホーム・ジャーナル』誌上にCOに声援を送る記事を書いている(一九四二年)。「彼らは戦場にいるよりずっと危険な仕事をしています。人の命を奪うより、はるかに勇気のいる任務についているのです」「他者が深い信念にもとづいて行っていることは尊重されなければなりません」と。

一九三五年にカンザス州ニュートンで超教派の平和会議が開かれ、集まった人たちはメノナイトやアーミッシュ、クエーカーやダンカー(ブレズレン)を歴史的平和教会(ヒストリック・ピース・チャーチズ)と呼んだ。「歴史的」という形容詞には、失われつつある本来の信念を守らねばならないという含意があった。じっさい、これらの四つの教派に属する若者の一部は個人の考えに従って軍務についており、教会側もこうした若者に破門の罰を与えることは少なくなっていた。二〇世紀なかばの非暴力主義は、事実上、特定の組織による全体的統制によってではなく、有志たちの連携によって維持し、継承すべきものになっていた。この状況は、第二次大戦後から現在にいたるまで変わっていない。

第 7 章

核の時代の非暴力主義

バックウォルター夫妻．東京の YMCA 前にて（1950 年 4 月）

1　ある被爆者の訪米とメノナイト宣教師の来日

魂の出会い——松本卓夫とバックウォルター夫妻

一九四八年一一月、松本卓夫(一八八八—一九八六年)という日本の教師がインディアナ州エルクハート郡にあるメノナイトの私立大学ゴーシェン・カレッジを訪ねた。松本は聖書学者として著名だが、当時は広島女学院の院長を務めていた。この学校はメソジストの宣教師が関与して明治時代に創立されたミッションスクールであり、一九四五年八月の原爆投下によって生徒三五二人、教師一八名を失っている。爆心地に近い場所にあったからである。松本の妻もそのときに亡くなっている。近くの川に遺体が浮いていたという。松本は黒焦げになったたくさんの生徒たちの遺体を目にしながら、生存者たちを救助するため、また爆風であちこちに飛ばされた子どもたちの遺体を探すため、学校周辺を「狂人のように駆け回った」と述懐している(死者数は、どの時点での集計かに左右されるため資料によって異なるが、ここでは松本自身の著作に依拠した)。

松本自身も原爆症を患っていたが、若いころの長い留学経験を生かし、アメリカに長期滞在して治療を受けるかたわら、講演や募金活動に力を尽くした。ゴーシェン・カレッジでの講演は、聴衆に強い印象を残した。というのも松本は原爆体験を語るなかで、アメリカ人を責めるのではなく「日本人の罪業をどうか赦してほしい」と語り、日本の社会とキリスト教会の再建のために宣教師を派遣してほしいという願いを伝えたからである。これを聞いていた聴衆のなかにラルフ・バックウォルターという宣教師志願者がいた。バックウォルターは、のちに記した回想録に、そのときの心の叫びを次のように言い表している。「わたしたちは泣きそうでした。赦してほしいのはわたしたちのほうです！　わたしたちの盲目とわたしたちの関心の欠如を赦してください」。

図 7–1　ラルフ・バックウォルターが入所していたサウスダコタ州の CPS 収容所

　ラルフの婚約者ジュネヴィエーヴ・レーマンも同じ講演会場にいたが、二人には社会貢献への使命感に関して共通点があった。ラルフはカンザス州ヘストン生まれのメノナイトであり、第二次大戦中は兵役拒否者としてＣＰＳを体験していた。ひとつはサウスダコタ州のディアフィールド・ダムの建設工事に従事するＣＰＳ収容所、もうひとつはミシガン州のイプシランティにある精神病院での役務である。そこでの体験は、苦しむ人たちとともに生きることの重要性を深く考える契機になったという。ジュネヴィエーヴのほうは、コロラド州のラ・フンタにあるメノナイト系の看護学校で学び、ラルフと同じ考えをもつようになった。彼女はそのとき、日系人強制収容所で結核を患った女性に出会い、アメリカ人の心を支配する偏見に気づかされたという。二人は宣教師になって弱者への奉仕の生活を送る希望を抱いていたが、その前にゴーシェンで学び直しを試みていた。二人は宣教団体からベルギー赴任をもちかけられるが、これを断り、日本に行くことを志願する。松本との魂の出会いが忘れられなかったからである。

COだった宣教師

二人が船に乗って横浜港に着いたのは一九四九年一二月のことであり、それは三〇年におよぶ彼らの日本生活の始まりであった。彼らは東京で日本語を学んだあと、キリスト教会がまだ少なかった北海道の釧路に拠点を置いたが、本別や帯広、旭川、富良野にもおもむいた。それぞれの小さい教会の運営を手伝うためである。バックウォルター夫妻がつくった釧路の鶴ケ岱《つるがだい》のメノナイト教会には、やがて日本人の信徒が数多く集まるようになる。ただし日本人のなかでも知識層に属する人たちは、アメリカ人宣教師を警戒していた。マッカーサーが一〇〇〇人の宣教師を呼びよせて日本を「キリスト教国」に変える号令をかけていたからである。

メノナイトの牧師で詩人の矢口以文《やぐちよりふみ》は、バックウォルターに出会った衝撃によってキリスト教に開眼し、一九五八年に洗礼を受けてメノナイト教会の信徒になった。その出会いについては、矢口が訳したバックウォルターの詩集『バイバイ、おじちゃん』(一九八六年)のあとがきに記されている。「どうせあなたも戦争中は兵隊だったのでしょう。日本軍かドイツ軍と戦ったのでしょう」とあざ笑いながら問いかけた矢口に対して、バックウォルターは「いいえ、私は戦いませんでした。兵役を拒否して収容所にいました。日本の人々のために祈っていました」と答えたというのである。矢口はこれ以後、アメリカとキリスト教、とくに再洗礼派の諸教会についての新しい認識をもつようになった。

筆者はラルフ・バックウォルターのご子息、新得町在住のマイケル・バックウォルター氏から、その詩集『バイバイ、おじちゃん』の謹呈を受けたのだが、そのタイトルはラルフがいつものように自転車に乗って走っていたとき、学校帰りの知らない子から「外人」ではなくて「おじちゃん」と呼びかけられ、バイバイの挨拶をされたときの嬉しい体験によるという。マイケル氏によれば、信徒中心の教会づくりを心がけていたラルフは、その当時「外人」の宣教師の特権のように考えられていた自動車の所有を拒み、貧しい信徒たちと同じように自転車を使ったのだという。だからこそラルフは日本社会に「おじちゃん」として溶け込めたのであろう。メノナイト教会は一九五〇年代から日本でも各種のセミナーなどをつうじて戦争と平和に関する学びの輪を広げていくが、第二次大戦中にCOとしてCPSを体験したバックウォルターのようなノンレジスタンスの実践家が介在したものでなければ、それはマッカーサーによるさまざまな上からの改革と同じものになっていたであろう。あるいは、戦中の学校で配属将校とともに軍事教練を行っていた学校教師が戦後になって突然「平和教育」を行うのと同じ矛盾を抱えることになったであろう。

再会——北の大地で

原爆投下から二五年目の一九七〇年、松本卓夫(八二歳)はアメリカで新たな講演活動を行ったあと北海道を訪れ、バックウォルターと会っている。一九四八年のゴーシェンでの魂の出会いから二二年たっていたが、二人とも、それぞれの立場で平和づくりに貢献しようとする熱い思いを保ちつづけていた。バックウォルターの姪エミリー・ハーシュバーガーによれば、バックウォルター夫妻は松本の呼びかけに応えて日本の地で開始した宣教師の仕事を「ノンレジスタントな平和づくり」と位置づけていたという。それはけっして何かの政治的目的をもった非暴力的抵抗運動ではなかった。特定の戦争に反対する平和運動でもなかった。その最初の目標は、かつての敵国の市民どうしが互いに赦し、赦される平和的関係を築くことであった。

愛敵と赦しをかなめとする再洗礼派のノンレジスタンスの信仰は、詳しく知らない人にとっては、非現実的で偽善的に思えるかもしれない。しかし終戦まもない日本においては、どれほど厳しい処罰を受けても軍服を着ることを拒んだアメリカ人がもたらした衝撃的な思想および実践としてこれに心を動かされる人たちが確実にいたのである。核の時代のアメリカによる最初の大量殺戮を経験してもなお、こうしたことが日本人のあいだで起きたのは、なにか奇跡のようにも感じられる。

2　国際化する人道支援事業

分け隔てのない人道支援

前述のメノナイト中央委員会（MCC）は、第二次大戦後も世界各地でさまざまな救援活動を展開した。ヨーロッパに関して主要な場所をあげればポーランド、フランス、イギリス、ベルギー、オランダ、ドイツ、オーストリア、ハンガリー、スペインなどである。大戦後、何より不足していたのは食料品と衣料品であり、一九四七年にMCCがドイツで配付した食料品と衣料品は四五三八トンであったとされる。この年の六月だけでMCCはドイツに住む六万人に食料を配った。そのときの配給で飢えをしのぐことができた人たちには、子どもや老人、病人や障害者、釈放された政治犯や各種の難民も含まれていた。その後MCCは住宅の再建や農業生産の回復のための支援も行い、馬や農機具を届けた。MCCの活動は政治とは一線を画していたため、たとえばベルギーではドイツ占領時代の対独協力の罪で逮捕、投獄された人たちの家族の支援も行っている。それはベルギー政府や市民にはできなかったことである。ここでは詳しく述べないが、アジア・アフリカ大陸にもMCCの活動は及んだ(日本も含む)。中国には一九四七年時点で四〇人のスタッフが派遣されており、医療面の支援を皮切りに、農業の再建支援も行われた。

MCCの活動には大戦中のCPSを受け継ぐ側面があった。たとえばプエルトリコ支援事業は一九四四年に始まっており、同国に派遣されたアメリカ人のボランティア四〇人のうち二四人はCPS期間中のCOたちであった。戦後もMCC派遣団のメンバーの多くはCOか元COであった。彼らの活動は農業支援から住宅建設、健康管理、教育、余暇活動に及んだ。南米に関しては、ロシア・メノナイトの移住ないし亡命を支援する目的もあり、MCCはパラグアイ移住者に総計二〇〇万ドルの援助金を送った。

旅するアーミッシュ——ジョナサン・B・フィッシャーの場合

一九五二年、数十頭の家畜(若い雌牛)を運ぶ船に乗り込んでドイツに向かったアメリカ人のアーミッシュがいる。七二歳のジョナサン・B・フィッシャー(一八七九—一九五三年)である。

フィッシャーはＭＣＣやクリスチャン・ワールド・サービス（ＣＷＳ）の活動に関わっていた。ＣＷＳは一九四六年設立の超教派の人道支援団体で、ニューヨーク市に本部を置いていた。ヨーロッパに家畜を贈る活動は、戦争の被害からなかなか立ち直れない畜産農家を助けるもので、ブレズレン（ダンカー）を中心とする参加者たちは「海をゆくカウボーイ」と呼ばれた。フィッシャーがこうした活動に参加した理由は、彼自身、ペンシルヴァニア州ランカスター郡ベアヴィルの畜産農家であり、チーズ製造を生業としてきたからである。フィッシャーはヨーロッパにしばらく滞在し、スイスのバーゼルで開かれていたメノナイト世界会議（ＭＷＣ）に参加した。アーミッシュは彼ひとりであった。アーミッシュはそもそも生まれ育ったコミュニティーで日常生活を送り、親族のいる遠隔地に旅することはあっても、海外旅行に出ることは（当時は）珍しかった。フィッシャーはいわゆるアーミッシュ・メノナイトに属する進歩派であったが、ノ

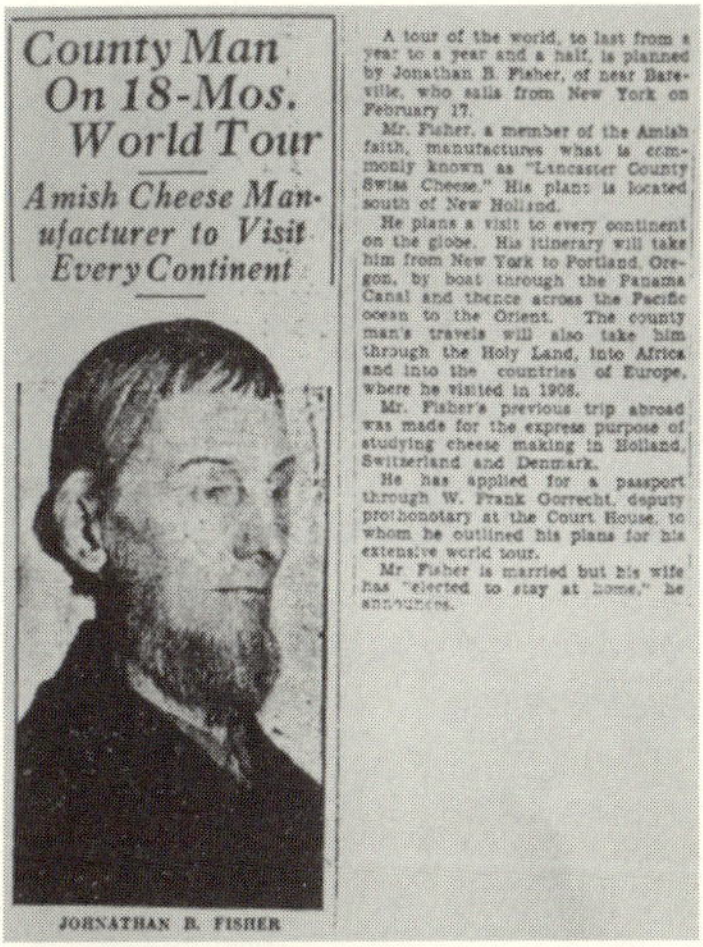

County Man On 18-Mos. World Tour

Amish Cheese Manufacturer to Visit Every Continent

A tour of the world, to last from a year to a year and a half, is planned by Jonathan B. Fisher, of near Bareville, who sails from New York on February 17.

Mr. Fisher, a member of the Amish faith, manufactures what is commonly known as "Lancaster County Swiss Cheese." His plant is located south of New Holland.

He plans a visit to every continent on the globe. His itinerary will take him from New York to Portland, Oregon, by boat through the Panama Canal and thence across the Pacific ocean to the Orient. The county man's travels will also take him through the Holy Land, into Africa and into the countries of Europe, where he visited in 1908.

Mr. Fisher's previous trip abroad was made for the express purpose of studying cheese making in Holland, Switzerland and Denmark.

He has applied for a passport through W. Frank Gorrecht, deputy prothonotary at the Court House, to whom he outlined his plans for his extensive world tour.

Mr. Fisher is married but his wife has "elected to stay at home," he announces.

JOHNATHAN B. FISHER

図 7–2　1934 年の長旅に出る前に地元紙に掲載されたフィッシャーに関する記事

ンレジスタンスの信念の持ち主であり、旅の途中でサンディエゴの海軍基地を訪問し、士官たちを相手に戦争と平和とCOの問題について議論するほどの行動派であった。

ところで、フィッシャーはアーミッシュのなかでいちばん旅行距離が長かった人物として有名である。彼が一九〇八年に試みた最初の海外旅行の目的地はヨーロッパであり、その旅をつうじて彼はスイス、西南ドイツ、アルザスなどの再洗礼派の故地も訪ね、同じ信仰をもつ人たちと親しく交流している。フィッシャー姓のメノナイトとも面会しているから、彼の訪欧は自分自身のルーツをたどる旅でもあった。当時はまだヨーロッパにもアーミッシュのコミュニティーが存在していた。

図 7-3　フィッシャーの旅行記(1937 年)に掲載された写真．人力車に乗る着物姿の女性が写っている

アーミッシュ最初の日本体験

フィッシャーの次の長い旅は一九三四年に実行に移された。それは日本を含むアジアおよび

エジプト、聖地イェルサレム、モロッコと南欧をまわる船旅であった。日本では横浜を起点にあちこちに足を運び、外国人宣教師や日本人牧師をはじめとするキリスト教関係者と会っている。フィッシャーは日本の地を踏んだ最初のアーミッシュなのである。一九三七年に出版された旅行記には東京や大阪の賑わい、人力車の風情、着物の美しさ、日本人の礼儀正しさなどについての短い記述がある。日本語はドイツ語に似ているとか、日本人は自然に対して崇拝にも似た気持ちを抱いているといった解説もみえる。フィッシャーはこの本を自費出版して関係者に配っているから、アーミッシュの視野を世界に広げるのに貢献したはずである。いずれにしても、再洗礼派の流れを汲むメノナイトやアーミッシュと日本の関係は意外なところに発見できる。

3　良心的兵役拒否の合法化

イギリスの動向とクエーカー思想の変化

ＣＯの合法化は、かつて君主たちが兵役ではなく何らかの代替的な義務（特別税や代理兵士費用の支払い）を果たせばよいとする恩恵ないし特権を宗教的少数派（開拓移民）に約束した歴史の延長上にあるが、明確な法律の制定は前章で述べたとおりイギリスを嚆矢とする（一九一六年）。

それは第一次大戦期のアメリカの取組みより個人の選択の範囲をひろく設定していた。軍に属する非戦闘部隊(NCC)だけでなく民間の役務も選べたのである。イギリスの政界には志願兵制度こそ自由と民主主義の精神にかなうと考える人たちが多く、クエーカーがどのような信仰をもつ人たちか、かつてどのような抵抗勢力であったかを知る政治家も多かったからである。もっとも、クエーカーは一九世紀をつうじて絶対的な平和主義とは異なる立場をとるようになっていた。たとえば政治家ジョン・ブライトは、帝国主義的な侵略戦争には反対しつつ、イギリス政府に対するカナダ反乱(一八三七年)やアメリカの南北戦争における北軍の戦いなどが不可避の武力行使であったことは「あらゆる面で絶対的にノンレジスタントな人」でなければ否定できないだろうと主張していた。そもそもクエーカーにはノンレジスタンスの原則に立つ人は多くはない。一九世紀前半に反戦論で有名になった著述家ジョナサン・ダイモンドなども、クエーカー教徒は兵士になるべきではないが暴漢に襲われたときに個人として自分の身を守るための実力行使は許されていると論じ、「悪人に手向かうな」というキリストの教えは文字通りに実践すべき戒律ではなく戦争の原因になるような「激情」を抑えるべしとの訓告であると解説している。第一次大戦中、兵役年齢のクエーカー青年の三〇パーセント以上が通常の軍務についたとされている(この数字には現実のクエーカー集会所に通うのをやめていた人たちも含む)。

世界各国の法整備

ＣＯを法律で認める動きは第二次世界大戦が終わってからヨーロッパ諸国に広がっていった。対応が早かった国のひとつはオランダである。オランダでは第一次大戦のころ、メノナイトの牧師たちのあいだでノンレジスタンスの思想を再確立する動きがみられ、徴兵に応じずに投獄される人も出ていた。そのためもあって戦後、オランダ政府はアメリカの制度に似た代替役務の導入を決めたのである。ただし法律が整備されたのは一九六四年のことであった。その間、西ドイツでも一九五六年にＣＯに関する法律が施行された。そしてフランスが一九六三年に、ベルギーが一九六四年に、スイスが一九六八年にＣＯの代替役務を法律で定めた。その後、多くのヨーロッパ諸国が類似の制度をもつようになる。実態はわからないが、ロシア連邦憲法も、一九九三年から「信念および信仰」によって兵役につけない人たちには代替役務を課すと定めている。

ウクライナ共和国憲法にも同様の条項があり、一九九一年から代替役務の制度が導入されてきたが、二〇二二年、ロシア軍の全面侵攻に対処するための戒厳令により、ＣＯの権利は停止された。ウクライナの平和団体によれば、宗教的理由を告げて軍務につこうとしない人たちは脅迫され、無理に前線に送られ、あるいは訴追されているという。

二〇二三年一月から一〇月までの統計によると、ウクライナで有罪判決を受けた兵役拒否は約三〇〇件、負傷(自傷行為)による兵役逃れは約二〇件、戦闘中の敵前逃亡は約一〇〇〇件、脱走は約一五〇件である。兵役拒否の疑いで取調べを受けたウクライナ人の数自体は同じ期間に約三七〇〇人、負傷(自傷行為)による兵役逃れのケースは約二〇〇件、敵前逃亡のケースは約一万二〇〇〇件、脱走のケースは約五〇〇〇件であるから、「態度」を改めた「容疑者」は有罪にならなかった可能性がある。戦争のときに一般市民を徴兵して軍服を着せ、武器を持たせ、最前線に送りだす手法は古くから変わっていない。愛国心の鼓舞と激励、賞賛と感謝、そして脅しと懐柔である。

韓国の事例――懲罰的な代替役務

徴兵制と抱き合わせで良心的兵役拒否を合法化する国は増えているが、宗教的ないし思想的な確信をもつ人を兵役につかせることの難しさと不適切性を理解する市民が少ない国の場合、また不公平を嫌い、負担の公平を求める世論が強い国の場合は、代替役務の制度は限定的なものになる。韓国では二〇一九年に兵役法が改正され、二〇二〇年から良心的兵役拒否者に対する代替役務の適用が始まったが、服務期間は兵役の二倍の三六か月であり、役務の選択はできない。だれもが韓国法務部管轄下の矯正施設(刑務所や拘置所)で合宿生活を送り、給食や保健衛生、施設管理などの補助的業務を行うことになる。この制度には懲罰的性格があり、内外の人権団体が問題視しているが、国民感情を考慮した制度であることは明らかである。二〇〇〇年代以前の韓国では、兵役を拒否するのはエホバの証人のような一部の特殊な宗教を信じる人たちの例外的な行為だと考えられてきたが、二〇〇三年に現役兵士のなかにイラク派兵を拒否する選択的兵役拒否者が出現したこともあり、流れが変わったとされる。

なお韓国にも少数ながらメノナイトがいる。朝鮮戦争のときにMCCが国連と連携して避難民や孤児の救済にあたるワーカーを一九五一年から七一年にかけて七七人派遣したことがその背景にある。ただし彼らは宣教師ではないから、積極的な教会活動を行ってはいなかった。それでも一九七〇年代にはソウル近郊でメノナイトの集会が行われていたという。そして彼らメノナイトのなかにも、兵役を拒んで投獄された人がいた。李《イ》常慜《サンミン》という青年である。彼は二〇一四年、二七歳のときに懲役一八か月の刑に服し、出獄後も職業選択の自由を制限されて苦しみ、二〇二二年に交通事故死したが、COの信念は生涯変わらなかった。

4　ノンレジスタンスの代償

暴漢による殺人（一九五七年のケース）

徹底的ないし絶対的なノンレジスタンスの代表例はアメリカのアーミッシュに見いだされる

が、それは当然のことながら、矛盾や犠牲を伴う。第4章で紹介したホクステットラー家の悲劇はその早い例であるが、別のかたちの事件は現代においても起きつづけている。たとえば一九五七年、オハイオ州ホームズ郡のアーミッシュ男性ポール・M・コブレンツの家に酒に酔った暴漢が押し入り、妻ドーラを脅したとき、ポールは反撃を試みずに大声で助けを呼ぼうとしたが、そのせいで彼自身が殺されてしまった。暴漢のひとりは終身刑、もうひとりは死刑判決を受け、翌年の春に電気椅子にかけられる予定であった。ところがオハイオ州知事が減刑の判断を下し、この犯罪者は終身刑になり、命をながらえることができた。知事のもとに犯人の減刑を求める嘆願書が数多くのアーミッシュによって送られていたからである。彼らの手紙につづられていたのは、ノンレジスタンスの教えに従うアーミッシュは復讐を求めず、神が創造した人の命を人が奪うことにも賛成しないという意見や、犯人は拘置所で改心していると聞くから赦されるべきだという声であった。これは再洗礼派が一六世紀から紡いできた悪への無抵抗と愛敵と赦しの思想にほかならない。二五歳の若さで命を奪われたポールの家族は嘆き悲しんでいたが、けっして復讐を求めることはなかった。ノンレジスタンスは戦争反対や人権の擁護を目的にした戦術ではない。それはアーミッシュやメノナイトの信仰生活そのものであり、そこに犠牲と代償が伴うことを彼らは十二分に理解していた。権力者・迫害者の剣とむち、暴漢の拳とナイフを前にしても「手向かわない」ことこそ聖書の教えであり、そのことで命を失っても、魂の救いの道は開かれていると彼らは信じてきたのである。こういう宗教はどこか「おかしい」のかもしれないが、筆者はそういう価値判断をひかえたいと思う。殴られたら殴りかえし、奪われたら奪いかえし、家族を殺されたら相手の家族を殺す復讐の論理も、明らかに「おかしい」からである。

交通違反による過失致死（一九九二年のケース）

一九九二年一一月三日、起伏に富むペンシルヴァニア州ランカスター郡の田舎道でアーミッシュの馬車がイングリッシュ——アーミッシュは外部の英語話者たちをそう呼ぶ——の自家用車に激しく追突され、大破する事故が起きた。加害者は一七歳のジョエル・カイムという少年で、父親のステーションワゴンを借り、弟と友人たちを乗せ、有頂天になってアクセルを踏み込み、坂道を上りきったところで、側道を低速で走るアーミッシュの馬車を避けきれず、はね飛ばしたのである。全壊した馬車には新婚五日目のアーロン・ストルツフスと新妻サラ（一九歳）が乗っており、不幸なことにサラは病院で息をひきとった。ジョエルは犯した罪の重さに打ちひしがれ、絶望の淵に突き落とされた。ところが、ジョエルが両親に付き添われて遺族の家を訪問したとき、サラの両親は彼を抱擁し、「わたしたちはあなたを赦します。人の死はすべて神の計らいによるのです」と静かに言ったのだった。サラの葬式のとき、アーロンもジョエルを抱擁し、「ぼくたちは仕返しなんかしないんだよ」と告げた。やがてジョエルはアーミッシュの信仰がどのようなものかを詳しく知るようになり、彼らに赦されたことに感謝し、遺族と交流をもつようになった。ジョエルは未成年者であったから、少年法で裁かれ、三年間の免許停止と二〇〇時間のコミュニティー・サービス(地域の社会奉仕活動)という軽い罰を受けただけであった。ただしその背景には、ジョエルを厳しく罰しないでほしいというアーミッシュたちの数多くの嘆願書があった。それらに彼らの赦しの信仰がつづられていたことは言うまでもない。ジョエル・カイムは成人してから宣教師になり、海外に出て奉仕の生活を送ることになる。再洗礼派の赦しの信仰は、敵を味方に変え、友に変えるのである。

アーミッシュ・スクールでの銃乱射(二〇〇六年のケース)

二〇〇六年の一〇月二日、同じランカスター郡のアーミッシュ・スクールで全米はもとより世界中のニュースになる悲惨な事件が起きた。牛乳のステンレスタンクを運ぶ仕事をしていたチャールズ・カール・ロバーツ四世という三二歳の男が、ニッケルマインズの緑の草原に建つアーミッシュ・スクールに押し入り、子どもたちに向かって銃を乱射し、その場で自殺したのである。この乱射で五人の生徒が死亡し、生き残った別の五人の子どもたちも重傷を負った。チャールズは怒りっぽい性格で、事件後、彼は気が変になってしまったのだと隣人たちは異口同音に話している。この事件の悲惨さを何倍にも増幅させたのは、一三歳と一二歳の少女がほかの年下の子どもたちをかばい、「わたしを撃って」と叫んでそのとおりになったことである。

アーミッシュ・スクールはワンクラスルームの複式学級であり、当該の学校でも七歳から一三歳までの生徒が机を並べて学んでいた。チャールズの犯行は非道そのものであり、世界中で報道されたが、ニュースをいっそう大きくしたのは事件の凄惨さばかりでなく、被害にあったアーミッシュの家族たちがチャールズの家を訪れ、未亡人になってしまった妻マリー(エイミー)に赦しと慰めの言葉をかけたことである。マリーはこれから先、夫の犯した罪を恥じ、悲嘆に暮れながら暮らさなければならない。彼女にも小さい子どもたちがいる。わが子を失ったアーミッシュの遺族たちも深く傷ついていたが、彼らはマリーに寄り添う気持ちを忘れなかった。彼らはチャールズの両親の家も訪問し、赦しの言葉を伝えた。チャールズの葬式の参列者も半分はアーミッシュであったという。こうしたことは繰り返しメディアによってとりあげられ、アーミッシュの赦しについての賛否両論が沸き起こった。アーミッシュは無感情な冷たい人たちであるとか、幼い子どもたちを殺害した犯人は憎むべきであってけっして赦すべきではないといった声があがった一方、彼らの信仰と実践に敬意を払い、ノンレジスタンスの歴史をふりかえるニュース番組や雑誌記事もあった。

この事件について、その後わかったことがある。チャールズ・カール・ロバーツ四世には、九年前に生まれた長女が生後すぐに死んでしまったことによるトラウマがあり、そのことで神を恨み、人を憎み、自分を嫌っていたというのである。このことは妻への書き置き（遺言）に記されていたことである。

チャールズの母親テリ・ロバーツは、アーミッシュのコミュニティーがチャールズや自分を赦したことに深い感銘を受けたが、自分自身は絶対に息子を赦さないと決心していた。しかしやがて、それでは息子の心にあいていた空洞と同じものを抱えつづけることになると思い、息子を赦す気持ちをもつことができたという。彼女は福祉にかかわる活動およびニッケルマインズ事件とアーミッシュの赦しに関する講演活動などをしながら二〇一五年に『赦されて』という本を書いたが、癌を患ってその二年後に死去する。それはアーミッシュの赦しの信仰が乗り移ったかのような後半生であった。テリ・ロバーツの活動については、注目を浴びたいだけだとか、自己中心的だといった批判もあったが、彼女は再洗礼派のノンレジスタンスは生き方そのものだということについての深い理解者であった。『赦されて』には、彼女が何度も読み返した励ましのレターからの引用文がいくつか載っている。ある匿名の手紙には「あなたの息子の思い出をいつまでも大切にしてください。そして信仰をけっして失わないでください」と書いてあった。彼女のもとには日本からも手作りのカードが届いていた。そこには「これから何か月たっても何年たっても、あなたの心のなかで平和な川のせせらぎが聞こえますように」と書いてあった。カードには四人の女子生徒のファーストネームが記してある。アーミッシュの赦しの精神は、遠く離れた国の若者たちにも、殺人犯の母親に慰めの言葉を贈る勇気と優しさを芽生えさせていたのである。アーミッシュの多くは長い迫害の歴史のなかで伝道をしない方針をとっており、一部の進歩派をのぞいて、宣教師を海外に送ることはない。それでも、彼らのまわりにいる共鳴者たちによって本が書かれ、雑誌の特集や放送番組が企画されるなかで、その教えと生活ぶりが世界中に伝えられている。

事件後、ニッケルマインズのアーミッシュ・スクールの校舎は取り壊され、学校は別の場所に移転している。報道陣や見学者が静穏を乱していたからである。アーミッシュの多くは、保守派であればあるほど、写真撮影やテレビ出演を嫌う。このことも含めて、部外者は彼らの文化を正しく知っておく必要がある。ただし彼らは、カメラを向ける報道陣や観光客に苦情を言ったり怒ったりすることはない。顔をそむけるか、うしろを向くか、その場を去るだけである。この姿勢も広い意味でのノンレジスタンスなのである。

5　ガザに平和を

都会の代替役務――新しい戦争の時代に

第二次大戦中のアメリカにおけるＣＰＳは政府、軍関係者、ＣＯたちの経験値を高めさせ、戦後の政策にも役立てられた。戦後、一般的なアメリカ人の関心は内向きになる一方、ペンシルヴァニアなどのアーミッシュ定住地の観光開発が進んだ。古き良き時代のアメリカの雰囲気がそこにはあった。アーミッシュは一般的なアメリカ人とは異なり、ドイツ語方言を話す宗教的マイノリティであったが、二つの大戦を通して家名を英語風にし、英語使用の範囲を拡大するなど、社会的適応の歩みを進めており、ツーリストたちの消費活動による現金収入は彼らにとっても魅力的であった。

一方、アメリカの連邦政府と議会は軍備の再強化を試みていた。東西冷戦が本格化するなか、ドイツの分割統治と西ドイツ支援、日本統治と沖縄の基地化には多くの兵員が必要であった。加えて朝鮮戦争の勃発(一九五〇年)とヴェトナム戦争への本格介入(一九六五年の北爆開始)は、国民の兵役負担を重いものにしていた。それでも良心的兵役拒否者への理解は深まっており、大戦中のＣＰＳに代わって都市中心の代替役務Ｉ－Ｗ(ワン・ダブリュー)が導入された(これは代替役務のコード番号であって何かの略語ではない)。勤務場所は病院や各種の公益事業団体であり、重労働中心のCPSよりCOの働き甲斐に配慮したものであった。保守派のアーミッシュの若者たちのなかには、都会の生活に影響を受け、アーミッシュの古い価値観に疑問を抱き、故郷に帰らない人もいた。それはアーミッシュ諸派の一部に残るラムシュプリンガの期間すなわち若者たちが外部世界を体験する洗礼前の楽しみの期間に似た機能をもっていた。ラムシュプリンガとは「跳ねまわる」という意味で、コミュニティーによって傾向は異なるが、親たちが一〇代の若者に遊興、男女交際、異文化体験などを黙許し、俗世の虚しさにふれさせることで洗礼と清い結婚に向かわせる機能をもつ。

ただしI-Wも戦争協力と同じだと考えてこれを拒否する保守派のアーミッシュもいた。彼らには懲役と罰金刑が課された。たとえば一九五五年にインディアナ州の三人のアーミッシュが五年の服役と二〇〇〇ドルの罰金の支払いを命じられている。彼らは刑務所で囚人服に着替えるのを拒み、一か月間隔離された。けっきょく彼らは、収監中の服装に関して、州政府による特別措置の対象となった。アーミッシュの保守派は軍服やそれに近い制服を敬遠する。また彼らは肌の露出を嫌い、男性も胸元や手首が見えない服を着る。看守たちは最初、これは変人の集まりだと感じたが、やがては彼らの粘り強さと誠実さに一定の理解を示すことになる。もちろんアーミッシュたちは、その他の点では模範囚であり、勤勉で規律を重んじる人たちであ

図 7-4　ハリケーン被害を受けたルイジアナ州ニューオリンズ市街地の復旧活動支援のためにやってきたアーミッシュの若者たち（2006 年 2 月）．Photo by Mario Tama/Getty Images

った。看守たちはアーミッシュとの出会いをつうじて、アメリカ的な自由には古い伝統を固守する共同体的な自由も含まれることを学んだのである。

アーミッシュとメノナイトのボランティア活動

アーミッシュは、一九世紀と変わらない古風な服を着て自分たちの世界に引きこもるだけの存在ではない。たとえばペンシルヴァニア州ランカスター郡では地元のイングリッシュ（ノンアーミッシュ）たちとともに消防団を編成しており、団長を出すこともある。アーミッシュは消防の最新技術の活用についてはイングリッシュに任せるが、被災者のファーストエイドや行方不明者の捜索と救助は率先して行うという。これは地域貢献であるが、国際的な人道援助にも彼らは協力している。メノナイトの国際団体MCCに協力し、貧困、自然災害、疫病、戦争で苦しむ地域に援助物資を送っている。毛布や包帯や手作りのキルトから缶詰の食料まで、彼らはあらゆるものを集めて寄付している。アーミッシュ、メノナイトほかの再洗礼派系の保守勢力がつくるクリスチャン人道支援活動（ＣＡＭ）という団体もあり、こちらは人道支援とキリスト教的価値観の普及の両方を目的とし、支援物資だけでなく聖書やキリスト教書も配っている。支援対象地域にはウクライナも含まれている。

メノナイトは全体としてアーミッシュより活動範囲がひろく、災害対策支援団体も組織している。ランカスターに本部のあるメノナイト災害対策支援事業団（ＭＤＳ）は、全米のどこかでハリケーンや洪水の被害が出ると、大勢のボランティアを派遣して救助活動を行う。移動には貸切りバスを使う。二〇〇五年にハリケーン・カトリーナがメキシコ湾岸地域を襲い、ルイジアナ州ニューオリンズの市街地の八割を水没させたときには、アーミッシュの一団もやってきた。彼らはそもそも農林業、土木建設業、製材業、木工業に長けており、家も納屋も自分たちで建てるから、災害時の復旧作業においては重要な役割を果たすことができる。ミシシッピ川の水流の影響で被害のひどかったニューオリンズ第九区には、アーミッシュ・スクールの年長の生徒たちもやってきた。ルイジアナ州は二〇二〇年にも巨大ハリケーン（ローラとデルタ）に襲われた。このときはオハイオ州のアーミッシュがレイクチャールズの倒壊した家屋の再建に力を貸した。長い顎鬚をたくわえ、教会規則（オルドヌング）が求める青や白のシャツを着てサスペンダー付の黒いズボンをはいた男性だけでなく、定番の古風な単色のドレスとキャップをかぶった大勢の若い女性たちも来ていた。男性たちは木造家屋の基礎工事から組み上げまで行い、女性たちは外壁のペンキ塗りを分担した。地元の報道陣が撮ったたくさんの写真が残っているが、アーミッシュのボランティアたちはどこか遠い国の平和部隊か看護隊のようにも見える。規律ある団体行動に慣れているからであろう。

ガザ停戦運動――「市民的不服従」の実践

二〇二四年一月一六日、メノナイト・アクションという草の根の反戦運動団体のメンバーたちがガザでの即時停戦を訴え、「爆弾ではなく食べ物を送ろう」と書かれた旗を掲げ、ワシントン市のキャノン下院議員会館内で座り込みを行った。かなりの数の年配者も含まれていた。もちろん彼らは自制心を保っており、抗議の意思表示のおもな方法は平和を願う讃美歌を歌うことであった。この抗議行動で一五〇人のメノナイトが逮捕されたが、彼らの排除を命じられた警察官たちはどこか遠慮がちであり、おずおずしているようにも見えた。メノナイトに過激派はいないことがわかっていたからであろう。その後のニューヨークのコロンビア大学やテキサス大学で起きた学生デモの排除の光景とは対照的である。ただしメノナイト・アクションのウェブサイトには、彼らの行動は「平和的な市民的不服従」だと書かれている。

市民的不服従（シヴィル・ディスオビディエンス）は『森の生活』（一八五四年）で有名な作家ヘンリー・デイヴィッド・ソローが奴隷制に反対するなかで用いたとされる表現であり、ガンディーのインド独立運動やキング牧師の公民権運動においても使われた言葉である。このスローガンをメノナイト・アクションが使っていることを知ったとき、筆者はやや複雑な気持ちになった。市民的不服従は非暴力を原則とするが、それは「非暴力的抵抗」とも言い換えられてきたからである。つまりそれはレジスタンスなのであり、レジスタンスにおいて愛敵と赦しの精神は弱まる。歴史のなかの再洗礼派の大半は宗教的信念に反する行動を強いられたときには不服従の姿勢を貫いたが、国家の政策や制度に対する能動的なレジスタンスを避けた人たちであり、その思想を受け継ぐ現代のメノナイトがレジスタンスを実行しているとすれば、何か大きな変化が起きているのかもしれない。

歴史をふりかえれば、一六世紀チューリヒの再洗礼派コンラート・グレーベルらは一五二四年にドイツ農民戦争の指導者のひとりトーマス・ミュンツァーに手紙を書き、彼を兄弟と呼びつつ、キリスト教徒は受難を受け入れるべきであって剣で守られるべきではないと勧告したが、その手紙の内容に賛成して署名したヨハネス・ブレトリ（グラウビュンデン出身の元司祭）は都市権力に反抗していたシャフハウゼンのハラウという村の住民の選挙によって新しい牧師として迎えられた人物である。ハラウの住民たちは自治の拡大を求め、十分の一税（教会税）の支払いを拒否していた。キリスト教会は一六世紀においても二一世紀においても、ユートピアや桃源郷のような場所にあるのではなく、しばしば、人びとが正義を求め、権力者がそれを弾圧する国にある。そうである以上、いやおうなく教会の指導者と信徒たちは、社会の抱える問題に直面することになる。

いずれにしても二一世紀のメノナイトは、平和と人権の擁護のために宗教や思想信条を超えて活動の幅を広げつつある。その過程で彼らは、ノンレジスタンスの立場を修正したのであろうか。

終　章

ノンレジスタンスの限界と可能性

乳母車をつかむ中央の人物が日本最初の良心的兵役拒否者，矢部喜好．矢部は複数の教派と関わったが，最終的には滋賀県の同胞教会の牧師をつとめた．同胞教会はペンシルヴァニア州ランカスター郡のドイツ系改革派牧師とメノナイト牧師が18世紀末に設立した教派である．日本キリスト教団大津教会提供

1　イエスは抵抗を教えたか

「ほかの頬」の意味

聖書は再洗礼派による独特の愛敵と赦しの教えに根ざすノンレジスタンス思想の形成と実践の土台になったが、これとは正反対の流血の異端迫害や戦争を正当化する役割も果たしてきた。異端の処刑や正戦を支持する神学者たちは、愛しながら殺す(殺しながら愛する)ことができると説いてきた。それはたちの悪い強弁か机上の空論のように聞こえても、れっきとした神学思想なのである。

聖書は両刃の剣である。じつは意外なことに、「はじめに」で引用した「悪人に手向かうな。もし、だれかがあなたの右の頬を打つなら、ほかの頬をも向けてやりなさい」というイエスの言葉を「非暴力的抵抗」の教えと解釈する聖書学者もいる。メソジストの神学者ウォルター・ウィンクによれば、「悪人に手向かうな」はギリシア語原典ではアンティステーナイという言葉であり、本来これは武装蜂起や軍事的衝突を起こすなという意味だという。各国語の聖書は、これを一般論としての反抗にとれるように「手向かうな」と訳し、支配者への服従をうながす役割をもたせたのだという。さらに「右の頬を打つなら、ほかの頬をも」というのも、ただのノンレジスタンスではないとされる。すなわち「右の頬を打つ」とは、有力者が召使や奴隷を折檻するときに(侮辱の意味も込めて)右手の甲で相手の右頬を打つ行為であり、対等な者どうしの争いのときに右手の拳で相手の左頬を打つ場合とはまったく異なるという。そして右の頬を打たれた召使や奴隷が「ほかの頬」つまり左頬を相手の有力者に向けるのは、次は右手の拳でわたしを打ってみよと挑発する行為であり、もし挑発に乗ればその有力者は召使や奴隷と対等なケンカをしてしまったことになって名誉を失う、というのがウィンクの解釈である。

キング牧師の「愛敵」

ウィンクによれば、イエスは戦いか逃亡かの二者択一とは別の第三の道すなわち「非暴力的抵抗」の方法を教えた。ただしそれは敵を憎んで撃退するためではない。神の愛と赦しの恵みがその敵にも与えられ、改心が起きることを信じる謙虚さが必要なのである。それがイエスの愛敵と赦しの教えの神髄である。ウィンクの主張には一理あるが、「ほかの頬」を相手に向けて「挑発」する抵抗の行為が愛敵と赦しの精神とどのように調和するのか、十分な説明はなされていない。

ウィンクの聖書解釈は、彼がキング牧師の公民権運動に加わった体験から生みだしたものであり、キング牧師が『汝の敵を愛せよ』(一九六三年)のなかで主張した内容に近い性格をもっている。キングは「敵を愛する」というのは「敵を好きになる」という(いわゆるエロス的な)意味ではなく、罪と悪に染まった敵にも慈しみの愛(つまり神の愛としてのアガペー)が与えられるように願うことだと述べ、その愛は必然的に赦しを伴い、やがて敵を友に変えるのだと力説している。またキングは「非暴力」という講演(説教)のなかでは、白人たちにどんなに殴られて半殺しにされても自分たちはその侮辱と苦痛に耐え、その白人たちを愛し、彼らが最後には憎悪から解放され、自分たちとともに「二重の勝利」を分かち合う日が訪れることを信じると述べている。

ガンディーの非暴力的「抵抗」

一九四四年に『戦争、平和、ノンレジスタンス』という本を出版し、一九八〇年代まで改訂を重ねたメノナイトの神学者・平和思想家ガイ・F・ハーシュバーガーは、ガンディーの非暴力的抵抗運動は敵であるイギリス人の排除(インドの独立)をめざす「暴力なき戦争」「戦争の一形態」であると述べ、アメリカではこの戦略が黒人解放運動に応用されていると批判している。イエスは「悪人に手向かうな」と教えているのだから、クリスチャンが行ってよいのは「ノンレジスタントな不服従」までであり、そもそもノンレジスタンスは何かの政治的目的のための「戦略」ではなく信仰者の「生き方」だというのがハーシュバーガーの立場であった。アフリカ系アメリカ人たちの非暴力的抵抗運動は安定しておらず、マルコムX（一九二五―六五年）のように白人への憎悪を隠さない指導者も求心力をもっていたから、ハーシュバーガーの主張は理解できる。ただしハーシュバーガーは、キング牧師の理想を詳しく知らないうちに結論を出しているように思える。

ガンディーはジャイナ教と仏教において重視されてきた不殺生（アヒンサー）を愛と非暴力の倫理に高め、イギリス留学時代に読んだ新約聖書（とりわけイエスの山上の説教）の教えも採り入れていた。ガンディーは非暴力の立場をサティヤーグラハ（真理の堅持）と呼び、それをたんなる戦略にとどまらない実践倫理と位置づけていた。ただしガンディーは個人の自己防衛を認めており、意外なことに、そのための暴力をかなり積極的に肯定していた。ガンディーの死後にまとめられた『わたしの非暴力』（一九六〇年）には、暴行を受けそうになった女性は「心にうかぶあらゆる方法手段を用いて」身を守るべきだと書かれている。またその場に居合わせた人が「暴力的にであろうと非暴力的にであろうと、生命を賭して間に入れば、かならずや犠牲者は救えるだろう」とも書かれている。またガンディーは具体的に、「神は彼女に爪と歯を賜った」のだから力のかぎりそれらを使い、場合によっては「辱めを受けるよりも自殺を選ぶべきだ」

と論じている。ガンディー主義はさまざまな極限状態を考察したうえで形成されており、その点で批判も受けてきた。ガンディーは警察や軍隊にとって代わることのできる非暴力部隊（平和部隊）を構想しており、それはいわゆる「塩の行進」（一九三〇年）にも生かされていた。もしガンディーがいまも生きていれば、現代のＰＫＯやＰＫＦを称賛したかもしれない。ハーシュバーガーがガンディーの運動に一種の軍事色を感じたとしても、それはけっして見当違いではないだろう。

ガンディーは、いつも何かに怒っていた孫アルンを諭し、怒りは車を動かすガソリンのようなもので、それがあるから人は前進できるのだが、その怒りが人も自分も傷つけてしまわないように、どんな人に対しても敬意と愛を抱き、他人にではなく差別と偏見を助長する考えや制度にその怒りを向け、非暴力で立ち向かうように勧めた。アルン・ガンディーはその後、敬意と愛が敵（イギリス人）の心を変え、インド独立の支持者になっていく具体例を目の当たりにすることになる。

ガンディー主義と再洗礼派

ガンディーの感化を受けた人は世界中にいる。ダライ・ラマ一四世（一九三五年―）もそうである。彼はガンディーと同じように愛敵の理想を掲げている。そしてチベット高原を「アヒンサー地域」すなわち非武装地帯にすべきだと訴えた。それは妄想や空想ではなく、たとえばゴルバチョフによる中ソ国境地帯の非武装化、モンゴルからのソ連軍撤退の提案などを念頭に置いたものであった。

現代のメノナイト神学者には、ハーシュバーガーよりガンディーに近い考えをもつ人もいる。たとえばロナルド・J・サイダーは、非暴力の神学を堅持しつつ、死を覚悟した民間防衛の訓練と(侵略者への)非暴力的抵抗が成功する可能性を軍事の専門家も指摘していると述べ、テーザーガンや催涙スプレーが「安全な警察活動」に役立つと主張している。サイダーは再洗礼派の伝統的なノンレジスタンスの枠組みには収まらない考察を行っていると言える(サイダーは、ガンディー主義をもとに独裁体制に対する非暴力的闘争のあるべき姿を示そうとしたアメリカの政治学者ジーン・シャープを高く評価している)。なおサイダーはキリスト教諸派の非暴力主義の歴史と現状について考察し、再洗礼派とクエーカーの働きの重要性を指摘し、ホーリネスおよびペンテコステ系の諸派の一部も反戦平和主義を唱えつづけていると論じている(ホーリネスとペンテコステ派は一九世紀後半のアメリカで起こったプロテスタント系の教派で、聖霊体験と神の力による病の治癒を強調する)。またカトリック教会も、第二バチカン公会議(一九六二―六五年)以後に古い正戦論を相対化し、COの合法化を求めていると指摘している。サイダーはガンディーにならい、一〇万人単位の非武装の「非暴力平和部隊」を編成して紛争地域に派遣し、数千人の死者を出すことも覚悟して平和創出の活動をすれば、目的の達成は不可能ではないと述べている。この考えは一九八八年にメノナイトの活動家たちによるクリスチャン・ピースメーカー・チームズ（CPT）の結成につながった。同団体はたとえば中東地域でイスラエル人とパレスチナ人の争いを仲裁する活動を行っている。大きな成果はあがっていないが、これを無意味な行動だと決めつけることはできないだろう。

サイダーは、「だれかがあなたの右の頬を打つなら、ほかの頬をも向けてやりなさい」というイエスの言葉について、前述のウィンクとは別の読み方をしている。それは右の頬を打つ相手に同じ苦痛を与えるような暴力的反撃を試みず、敵を赦し愛する精神で左の頬も打たせる姿勢をとるようにとの教えであり、これによって相手は驚きと狼狽の果てに憎しみを忘れ、暴力を断念する可能性が開けるというのである。

非暴力主義者や兵役拒否者は、しばしば、丸腰でどうやって平和を保つのか、犯罪や侵略をどう防ぐのか、愛する人が暴漢に襲われたらどうするのかと問われ、考えが浅いと嘲笑される。しかし彼らの考えはけっして浅くはない。むしろ、剣や銃で武装すれば愛する人を守ることができ、平和の実現に貢献できるという考えのほうが浅いのかもしれない。

非暴力は生き方そのもの

キング牧師の理想は、ガンディー主義よりメノナイトの考えに近い要素をもっていた。キングは言う。「非暴力は、いま役に立つから、という理由で用いる戦略ではないことは明らかである。つまり、非暴力は究極的には、その要求がまったく道徳的であるという理由で、人間の生き方そのものだからである」と。キングはバプテスト教会の牧師であり、この教派にはヴェトナム戦争を「聖戦」と呼ぶ白人指導者もいたが、キングは違っていた。彼は暗殺の一年前、ニューヨーク市のバプテスト教会（リバーサイド教会）でヴェトナム戦争を批判し、兵役に反対するように聴衆に呼びかけた。彼はジョージア州アトランタの母校モアハウス・カレッジの七〇人以上の学生たちがCOとなったことは喜ばしいと述べている。当時、アフリカ系アメリカ人のなかには、徴兵に応え、ヴェトナムで勇敢に戦うことが自分たちの地位の向上に役立つと考える人たちも多かったから、キングの主張は波紋を呼んだ。しかしキングは立場を変えなかった。リバーサイド教会での演説は、ヴェトナム戦争という個別の（不名誉な）戦争に反対するものであったが、キングは戦争そのものに反対し、「武器を持たない真実と無条件の愛こそ」が最後に勝利するという信念を語っていた。それはメノナイトやアーミッシュが追求してきたディフェンスレスでノンレジスタントな生き方を肯定するものだと言えるであろう。というより、再洗礼派系の宗教的マイノリティは、キング牧師が登場するはるか以前から、ほぼ同じ思想をつくりあげ、実践していたのである。

2　古今東西の平和思想・戦争論

エラスムスからクラウゼヴィッツまで

古今東西の卓越した反戦平和の思想と実践は、じつは数えきれないほどある。宗教改革者ルターと論争したカトリックの人文主義者エラスムスは、『平和の訴え』（一五一七年）のなかで、ヨーロッパのキリスト教徒は「十字架によって救われた人びとを十字架で打ち殺している」と述べ、それを恥ずべき行為だと非難し、自分自身は国と国の争いに巻き込まれない「世界市民」でありたいと主張している。エラスムスは悪逆非道な侵略者に対する自衛の戦争には反対しないと論じているから、その反戦平和論は不徹底だとも言えるが、彼の議論のなかで筆者が重要だと思うのは、人間は生まれつき――自然的に――「柔和な心根のしるしとして涙というもの」を与えられていると論じている点にある。多くの人は、痛ましい事件や事故や戦争で人が大怪我をしたり死んだりしたことを見聞きすると、涙をこらえられなくなる。そうした「心根」が平和への道を準備するとエラスムスは言っているのである。

エラスムスの主張には、イマヌエル・カントが一七九五年に『永遠の平和のために』のなかで論じていることに通じる要素がある。カントによれば、人間の本性は邪悪ではあるものの、完全な悪の奴隷ではなく、人間精神には平和を求める「モラル」ないし「実践理性」が自然的に内在しており、それに従って国際法と国際的平和組織を創出する努力を積み重ねるべきである。ただしヨーロッパの「文明国」は現実において野蛮であり、彼らには「もてなしの心」は微塵もなく、見知らぬ土地を訪問することと軍事的に征服して支配することは同じである。だから日本が鎖国政策をとっているのは賢明な選択である。それでも啓蒙思想家カントは、人類社会は自然的理性の働きによって着実に進歩すると考えており、永遠の平和の実現も可能だと信じていた。

トマス・ホッブズは「万人の万人に対する戦争」が人間の自然状態だと考えたが、人びとが暴力的な「死の恐怖」と「理性」ゆえに戦う権利を放棄して統治者に委ねることで平和をもたらすことができるという主張を一七世紀なかばに展開していた。これも人間性の向上と進歩の可能性を前提にした議論である。一九世紀前半に『戦争論』を書いて有名になったプロイセンの軍人カール・フォン・クラウゼヴィッツも人間(社会)は進歩すると考えていた。「文明国民のあいだの戦争が、まだ文明に達していない民族の戦争に比して残虐と破壊の点で遥かに緩和されているとすれば、その原因は、文明諸国内およびこれらの諸国間の社会状態にある」とクラウゼヴィッツは述べている。

アインシュタインとフロイト――戦争を嫌う「心と体」

世界大戦を目の当たりにした二〇世紀前半期の知識人たちは戦争と平和に関する深い考察を残している。たとえば物理学者アインシュタインは国際連盟の誘いを受け、心理学者フロイトを対話の相手に選び、人はどうして戦争をするのか、哲学的かつ心理学的な考察を行った（一九三二年）。アインシュタインがフロイトに投げかけた問いは、人間には「憎悪に駆られ、相手を絶滅」させようとする「本能的欲求」と「破壊への衝動」があるのではないか、というものであった。フロイトの答えは、人間には愛と生への欲動（エロス）と破壊と死への欲動（タナトス）があり、戦争は後者が背景となって起きるが、愛と生への欲動を「呼び覚ます」ことで平和への歩みを進めることができるというものであった。加えてフロイトは、アインシュタインとは逆に、なぜわたしたちのような平和主義者は戦争を憎むのか、という問いをたて、それはわたしたちの「心と体が反対せざるを得ない」からだと述べている。そしてそのような「心と体」は「文化の発展」によるタナトスの抑制によって生まれると述べている。フロイトは人間性が文化によって進歩すると考えているのである。

エラスムスのいう「柔和な心根」とフロイトのいう「愛と生への欲動」は、そもそも人間に宿っている（はずの）平和的な性質を言い表している。そしてフロイトは、ホッブズもクラウゼヴィッツもカントも認めていた人間性と人間社会の進歩を肯定している。「文化」の発展が平和を促進するなどというのは、現実離れしたおめでたい考えだと批判するのはたやすい。しかしアインシュタインもフロイトも、ユダヤ人迫害の現実を当事者として体験した人たちだったことを忘れてはならない。フロイトは文化的生活によって育まれた「わたしたち」の「心と体」が戦争を許さないと言っている点にも注目したい。ここには、自分たちと同じような「心と体」ないし「肌感覚」をもった人を育てたいという願いがこめられている。

日本の反戦平和主義と兵役拒否

日本にもさまざまなタイプの平和主義者や非暴力主義者がいた。日本最初の兵役拒否者はセブンスデイ・アドベンティストの信仰をもつ矢部《やべ》喜好《きよし》（一八八四―一九三五年）とされており、彼は日露戦争中の一九〇五年、銃殺されても兵隊にはならないと主張して禁固二か月の刑を言い渡された。出獄後に矢部は悩んだ末、看護兵として兵役を受け入れたが、のちに牧師となって平和の尊さを説きつづけた。灯台社（エホバの証人）の信徒たちも非暴力主義者であり、兵役を拒否した。第二次大戦中には五〇人以上が検挙され、獄中で激しい虐待を受け、多くは転向を強いられている（女性たちも収監され、複数の獄死者が出ている）。しかし指導的な立場にあった明石順三ら五人は兵役を拒みつづけた。そのなかには朝鮮半島出身の伝道者、崔容源《チェヨンウォン》も含まれていた（崔は戦後に帰国し、信仰を守りつづけた）。当時の灯台社の刷り物には、クリスチャンと称しながらサタンに操られた天皇を拝み、戦争を美化している牧師や神父は「意識的殺人者」であり、ハルマゲドンで「全滅」するといった激しい内容の記事が掲載されていた。彼らには愛敵や赦しの思想は欠けていたようである。セブンスデイ・アドベンティストとエホバの証人はともに一九世紀のアメリカで起こった教派で、迫り来るこの世の終わりとイエスの再臨を説く点で似ている。両派は主流派のプロテスタントたちからしばしば異端視されており、エホバの証人の場合は輸血拒否が話題になって反社会的だと批判されてきた。しかし彼らが戦争の暴力を拒否する人たちであり、そのために苛烈な弾圧を受けたことも知っておくべきである。

ロシア正教の洗礼を受け、トルストイに心酔して数多くの翻訳を手がけた北御門二郎（一九一三―二〇〇四年）も兵役拒否者であった。一九三八年に徴兵検査場に行く前、北御門は「戦争は罪悪だ。わたしは兵役を拒否します。日本民族はその非を悔い改めるべきである。ただちに中国の国民に両手をついて詫びるべきである」と宣言して逮捕される決心をしていた。ところが、徴兵検査のさい、彼は精神を病んでいることにされ、「兵役と無関係たることを証す」という書類を受けとることになる。これは兵役拒否者がほかの若者たちに影響を与えることを警戒する軍部が考えた厄介払いの方法であった。

彼の自伝『ある徴兵拒否者の歩み――トルストイに導かれて』（二〇〇九年）には、一九七七年に熊本県のあるミッション系の学校で講演を頼まれ、トルストイを紹介しながら平和と非暴力の話をしたら、生徒たちの前で校長先生が「ルターも説いているように、われわれは正しく戦う必要がある場合がある」と発言したので、「校長先生がおっしゃるのは、ルターの教えかもしれないが、イエスの教えではないと思います」と反論したと書いてある。北御門は戦後もトルストイの著作を次々に翻訳し、平和を訴える日々を過ごしていたのである。それは豊かな文化的環境のなかで戦争を憎む「心と体」をもった人を育てる仕事でもあった。

スウェーデンの文豪ラーゲルレーヴの翻訳で名高いイシガオサム(石賀修、一九一〇—九四年)も兵役拒否を試みた。一九四三年のことである。ただし彼は、二か月半の留置のあとに転向し、憲兵にむかって「いまでは戦争は罪悪だと思っていません」と告げている。兵役拒否者は、つねに不動の信念を抱いているわけではない。イシガオサムは一九四五年七月に召集令状を受けとり、衛生兵として軍務に服した。しかし彼は、「負うべき十字架をみちになげすてた」自責の念をもちつづけ、終戦後には鹿児島のハンセン病療養所で奉仕の生活を送った。平和主義や非暴力主義は、人間の心の弱さやもろさによって、また恐怖心によって、あるいは狡さによって放棄されることも多い。イシガオサムに影響を与えた内村鑑三(一八六一—一九三〇年)もそうであった。内村は「絶対的戦争廃止論者」を自認していたが、一九〇四年の『聖書之研究』誌上に兵役拒否は他人に犠牲を強いるものだから「我らはその人等のためにも自身進んでこの苦役に服すべきである」と書いている。

3 ノンレジスタンスの限界と可能性

繰り返される放棄と復活

ノンレジスタンスには当然、限界がある。再洗礼派の歴史も、それを放棄したり復活させたりの繰り返しであった。クエーカーもセブンスデイ・アドベンティストも同じである。彼らの歩みは、日本のキリシタンの「転び」と「立ち返り」に似ているかもしれない。もちろん、転びっぱなしの人たちも多かった。しかし、この思想の限界だけを指摘するのは公正な態度ではないだろう。大きな歴史の流れをふりかえれば、ノンレジスタンスの思想は一定の変化を被りつつ、繰り返し頭をもたげ、人びとを行動に駆り立てている。現代のメノナイトのなかには国際法や人権の擁護に正面からとりくむ姿勢が弱いという自己批判がある一方、重要なのは「生き方」であって教会は政治運動の場ではないという意見も強い。しかし全体としては、たとえばメノナイト・アクションによるガザ停戦のための直接行動を支持するメノナイトも多い。

徴兵のない時代の平和運動の参加者は、ある意味で気が楽かもしれない。運動を担う人たち自身、軍隊に入るのか兵役を拒否するのか、非戦闘部門ならかまわないのか民間施設での代替役務でなければならないのか、それとも戦時に課される義務はいっさい拒絶して刑罰をうけるべきか、それとも初期の再洗礼派のように逃亡して山中に隠れるべきかについて、良心を悩ませる必要はないからである。

再洗礼派のノンレジスタンスが育てたもの

ノンレジスタンスの信念による良心的兵役拒否はある意味で勇ましく、これを行う人は英雄扱いされることがある。一六世紀の殉教者になぞらえられることもある。しかし再洗礼派のノンレジスタンスの実践のあり方は、歴史的にはもっと幅が広かった。逃亡や潜伏も日常茶飯事だったからである。再洗礼派の逃亡者たちは「市民的不服従」を求めてはいなかった。そもそも、彼らにはどこかの国の市民であるという強い自覚はなかった。言い換えれば、彼らは近代国家が国民に教え込んできた国民意識や愛国心とは縁遠かったのである。そうした状況が変化し、市民的権利と義務の両方を担おうとする再洗礼派が市民革命の時代以降に現れ、兵役と国防の問題に(真剣に)向き合うようになり、ノンレジスタンスの修正や放棄が起きたのである。

筆者は「市民化」以前の再洗礼派による逃亡のノンレジスタンスにも学ぶべき点があると考えている。軍務も代替役務も特別税も拒み、逃走しながら山小屋に寝泊まりする再洗礼派は卑怯者と呼ばれ、非国民扱いされてきた。しかし、彼らには彼らなりの宗教があり、文化があった。その文化は戦いや殺人をきびしく禁じていたのである。そうした文化こそ、再洗礼派の

「心と体」を破壊と死のタナトスから遠ざけてきたものであり、そのこと自体に注目する必要があるのではないだろうか。「心と体」のレベルで戦争に拒否反応を起こす人たちが増えれば増えるほど、国家は戦争を遂行しにくくなる。

もちろん、再洗礼派だけがそういう「心と体」をもっているわけではない。丸谷才一の『笹まくら』(一九六六年)には、兵役逃れのインテリ青年(主人公)が国家や戦争についての高尚な議論をしながら、けっきょく自分は乱暴者だらけの軍隊が「いや」だという、それだけの理由で逃げ隠れしているのではないかと自問自答する場面がある。彼は英雄的な兵役拒否者にはなりようがなかった。しかし見方を変えれば、この青年は高度な文化の洗礼を受け、その「心と体」が戦争を拒んでいたのだと解釈することができる。こういう人は現実に少なくなかったはずである。

現代のロシアやウクライナには戦意を失った兵士たちがたくさんいる。徴兵によって強制的に前線に送り込まれた兵士たちがとくにそうである。おそらくは戦争に向かない「心と体」をもった人たちが大勢いるのだろう。その背後には、歴史の流れの大きな変化があるように思えてならない。人を殴ったり蹴ったり、刺したり銃撃したりすることに悲しみしか感じない人の増加は、文明化ないし文化発展の結果であり、その歯車を国家や軍隊が逆転させるには、とてつもない労力を軍事教育と教練につぎ込む必要があるだろう。ハイテク化によってその必要はなくなっているかもしれない。しかしハイテクを担う人たちの「心と体」が戦争の暴力を拒む傾向を示さないかどうか、やはり戦争を準備する権力者たちは気にしなければならない。

再洗礼派は一六世紀にノンレジスタントな非暴力主義の基礎を築き、五〇〇年にわたって戦争を拒絶する「心と体」をもった人間を育ててきたのであり、彼らはいまや、異なる思想や宗教をもつ人たちと交わり、その役割を強めようとしている。たとえばガザ出身の医師イゼルディン・アブエライシュは、二〇〇九年にイスラエル軍の攻撃によって三人の娘を失ったにもかかわらず、パレスチナ人とイスラエル人の架け橋としての活動をやめず、憎しみは相手に対する復讐の暴力の連鎖と自己破壊を招く病だと説き、和解を模索しつづけるなかでメノナイトと出会い、講演活動や慈善活動(中東の女性への留学の機会の提供)などで連携している。他方、アメリカのイースタン・メノナイト大学(ヴァージニア州)のハワード・ゼアは、敵に対する暴力的復讐の欲求に根ざす応報的司法の限界を指摘し、加害者と被害者の対話の場を設けて前者の罪と責任の自覚を深めさせ、改心をうながしつつ、後者の心の傷の癒しと立ち直りを支援する修復的正義(司法)を提唱して実践的活動にとりくむなか、世界的な評価を受けているが、その根底には再洗礼派的な愛敵と赦しの思想がある。いずれにしても、再洗礼派の非暴力主義をその誕生にまでさかのぼって確かめることの意義はけっして小さくないであろう。

あとがき

平均的な人間は、筆者のような凡人を含め、理不尽な攻撃や侮辱を受けると、相手を敵とみなして何らかの報復を試みる。このことは個人間でも国家間でも同じである。それは暴力事件や戦争がなくならない最大の原因であろう。死刑は個人に代わって国家が報復を行うことだから、本質的には軍事的反撃と同じである。連続殺人犯の処刑は、被害者の遺族だけでなく一般市民が抱く「正義」の実現への願いを満たす法的措置である。死刑の場合も戦争の場合も、報復は多くの人々にとって正義なのである。つまり多くの人たちが「正しい戦争」「正しい殺人」があると信じているのである。しかし、反撃が本来の敵ではない人々を傷つけたり殺したりするなかで事態が複雑になり、パレスチナに典型的にみられるように、報復の連鎖が起きることも多い。それでも現代人は、全体としてみれば、古代人や中世人よりも暴力の抑制に成功している。日本がもういちど血で血を洗う戦闘が日常化していた戦国時代や、辻斬りと切腹が頻発していた江戸時代に逆戻りすることはないであろう。しかし世界的にみれば、一般市民が戦争や国際的なテロに巻き込まれる危険は過去のものではないし、それらは現に起きつづけている。

このことは欧米世界でもアジアやアフリカでも同じであり、その点で「先進国」と「途上国」の違いはない。どの地域も遅れたまま、なのかもしれない。国家間の戦争は人間が平均的な思考パターンと感情に従っているかぎり、なくならないであろう。不当な攻撃への報復は正義であり、正義の発動としての戦争は組織的な殺人を合法化し、無関係の集団や個人の命を奪う。それは新たな報復の種を撒くことになる。戦争や国際的なテロの原因は入り組んでおり、多くの場合、善と悪を分ける基準は不明確である。民間人への銃撃や民間施設に対する爆撃への報復は一見すると正義にかなっているようにみえる。しかし、その銃撃や爆撃自体が過去に受けた虐殺の被害への報復である場合はどうであろう。

現代の戦争においては、それぞれの交戦国が正義の名のもとに組織的な殺人行為を断行しているが、戦場に送られてじっさいに殺人を命じられるのは言うまでもなく名もない兵士たちである。国家元首や国防の総責任者(長官や大臣)がみずから敵兵を撃ったり刺し殺したりするような戦争はほとんどない。二一世紀のいま、この世界から戦争を「なくす」ことは至難の業であろう。しかし「起きにくくする」ことはできるはずである。望み薄かもしれないが、国際機関がその働きを強化し、中立国・仲介国が平和交渉の提案を積極的に行うことは、戦争を未然に防いだり長期化を食い止めたりする役割を果たしうる。また兵士にさせられる一般市民が戦争への拒否感を強め、それを行動に移すことも平和に貢献しうる。ただし、多くの国々の平均的な市民は「正しい戦争」があると考えている。したがって平均的な思考や倫理観・正義感だけに頼っていては戦争の暴力を抑止することはできないだろう。

本書は、明らかに平均から外れたノンレジスタンスの思想と実践をテーマとし、これがどのような歴史的役割を果たしてきたかを論じたものである。国家間の戦争や革命の暴力だけでなく自分自身や家族を守るための実力行使も拒むノンレジスタンスの思想は外部の人々にとっては矛盾に満ちており、よほどの覚悟がなければ真似できるものではない。しかし、だからこそ国家と社会に衝撃を与え、多くの国々において信念による兵役拒否の合法化を実現させる推進力になった。筆者が明らかにしたかったのは、「心と体」が暴力と戦争に拒否反応を示す平和的人間を育てることに再洗礼派という宗教的マイノリティが数百年の歴史をつうじて貢献し、世界中の国々の法と制度を変えさせる力を発揮してきた事実である。

筆者が再洗礼派の調査研究を行うようになって四〇年の歳月が過ぎた。最初はその非暴力主義の歴史的価値には気がつかず、もっぱら彼らの水平的・平等主義的な結社原理と社会批判・国家批判に目を向けてきた。一五二四年から二五年にかけて大規模に展開したスイスおよびドイツの農民戦争と再洗礼派運動の接点についても興味を抱いてきた。言い換えれば、歴史を動かした「戦い」に注目してきたのである。加えて、運動の舞台となったスイスやドイツの政治制度、法、経済、社会、文化、習俗の探究にも時間を割いてきた。一方、本書のテーマである再洗礼派のノンレジスタンスについては、一定の知識はあったものの、何か絵空事のように感じていた。筆者の考えが変わったのは、十数年前からアメリカで調査を行うなかで知り合ったメノナイトやアーミッシュの生の声と生き方に接してからである。日本にやってきた最初のメノナイト宣教師がノンレジスタンスの信念を貫き、COとして過酷な労働を辺地の収容所で体験した人物であり、来日のきっかけが広島で原爆を体験した日本人との出会いだったことを知ったことも、ノンレジスタンスのリアリティを筆者に確信させる経験であった。本書はそうした研究上の関心の変化のなかで構想したものである。くしくも本書の出版年は、スイスのチューリヒで再洗礼派が産声をあげてから五〇〇年の節目にあたる。そういう年に本書を世に問うことができたことは望外の幸せである。

究極的な非暴力主義としてのノンレジスタンス思想の誕生と継承の歴史をたどる本書の試みが、戦争と平和の問題に悩む現代人にとって意味のある内容になっているかどうか、自信はもてない。読者諸賢の反応をぜひ知りたいと思う。

本書には筆者がこれまで行ってきた研究の成果が織り込まれているが、大部分は国内外の多くの人たちの助けを受けながら書きおろしたものである。内部資料の提供や体験談の共有によって本書の記述に確かな裏づけを与えてくれたスイス、ドイツ、オランダそして日米のメノナイトとアーミッシュの教会関係者、歴史家、信徒各位の協力がなければ本書の執筆は不可能であった。感謝の思いを込めて、そのことをここに記しておきたい。最後になるが、本書の構想段階から出版にいたるまで、さまざまなアイデアと助言を与えてくださった岩波書店の奈倉龍祐氏に感謝したい。

二〇二五年一月　スイス再洗礼派誕生の日を記念して

踊　共　二

岩波新書新赤版一〇〇〇点に際して

ひとつの時代が終わったと言われて久しい。だが、その先にいかなる時代を展望するのか、私たちはその輪郭すら描きえていない。二〇世紀から持ち越した課題の多くは、未だ解決の緒を見つけることのできないままであり、二一世紀が新たに招きよせた問題も少なくない。グローバル資本主義の浸透、憎悪の連鎖、暴力の応酬——世界は混沌として深い不安の只中にある。

現代社会においては変化が常態となり、速さと新しさに絶対的な価値が与えられた。消費社会の深化と情報技術の革命は、種々の境界を無くし、人々の生活やコミュニケーションの様式を根底から変容させてきた。ライフスタイルは多様化し、一面では個人の生き方をそれぞれが選びとる時代が始まっている。同時に、新たな格差が生まれ、様々な次元での亀裂や分断が深まっている。社会や歴史に対する意識が揺らぎ、普遍的な理念に対する根本的な懐疑や、現実を変えることへの無力感がひそかに根を張りつつある。そして生きることに誰もが困難を覚える時代が到来している。

しかし、日常生活のそれぞれの場で、自由と民主主義を獲得し実践することを通じて、私たち自身がそうした閉塞を乗り超え、希望の時代の幕開けを告げてゆくことは不可能ではあるまい。そのために、いま求められていること——それは、個と個の間で開かれた対話を積み重ねながら、人間らしく生きることの条件について一人ひとりが粘り強く思考することではないか。その営みの糧となるものが、教養に外ならないと私たちは考える。歴史とは何か、よく生きるとはいかなることか、世界そして人間はどこへ向かうべきなのか——こうした根源的な問いとの格闘が、文化と知の厚みを作り出し、個人と社会を支える基盤としての教養となった。まさにそのような教養への道案内こそ、岩波新書が創刊以来、追求してきたことである。

岩波新書は、日中戦争下の一九三八年一一月に赤版として創刊された。創刊の辞は、道義の精神に則らない日本の行動を憂慮し、批判的精神と良心的行動の欠如を戒めつつ、現代人の現代的教養を刊行の目的とする、と謳っている。以後、青版、黄版、新赤版と装いを改めながら、合計二五〇〇点余りを世に問うてきた。そして、いままた新赤版が一〇〇〇点を迎えたのを機に、人間の理性と良心への信頼を再確認し、それに裏打ちされた文化を培っていく決意を込めて、新しい装丁のもとに再出発したいと思う。一冊一冊から吹き出す新風が一人でも多くの読者の許に届くこと、そして希望ある時代への想像力を豊かにかき立てることを切に願う。

（二〇〇六年四月）

踊 共二

1960年福岡県生まれ
1983年早稲田大学第一文学部卒業，1991年同大学大学院文学研究科博士課程を満期退学，2002年同大学博士(文学)学位を取得．武蔵大学リベラルアーツ＆サイエンス教育センター教授
専攻—スイス史，中近世ヨーロッパ史
著書—『改宗と亡命の社会史——近世スイスにおける国家・共同体・個人』(創文社，2003年)
『図説 スイスの歴史』(河出書房新社，2011年)
共著—『忘れられたマイノリティ——迫害と共生のヨーロッパ史』(山川出版社，2016年)
編著—『記憶と忘却のドイツ宗教改革——語りなおす歴史 1517-2017』(ミネルヴァ書房，2017年)
『アルプス文化史——越境・交流・生成』(昭和堂，2015年)
監修—『一冊でわかるスイス史』(河出書房新社，2024年)

非暴力主義の誕生
——武器を捨てた宗教改革　　岩波新書(新赤版)2049

2025年1月17日　第1刷発行

著 者　踊《おどり》 共《とも》二《じ》

発行者　坂本政謙

発行所　株式会社 岩波書店
〒101-8002 東京都千代田区一ツ橋2-5-5
案内 03-5210-4000　営業部 03-5210-4111
https://www.iwanami.co.jp/

新書編集部 03-5210-4054
https://www.iwanami.co.jp/sin/

印刷・理想社　カバー・半七印刷　製本・中永製本

ISBN 978-4-00-432049-4　　Printed in Japan

参考文献

この一覧は事典・総説類(オンライン版を含む)を先頭に，日本語文献(翻訳を含む)と外国語文献を分けて列記したものである．前者は著者・編者等の五十音順，後者は著者・編者等のアルファベット順である．著者名のない文献は書名による．

事典・総説

Bender, Harold S. et al. (eds.), *The Mennonite Encyclopedia*, 4 vols., Scottdale, Pennsylvania: Herald Press, 1955–1959, 1990.

Brewer, Brian C. (ed.), *T&T Clark Handbook of Anabaptism*, London: T&T Clark, 2021.

Fiala, Andrew (ed.), *The Routledge Handbook of Pacifism and Nonviolence*, London: Routledge, 2020.

Global Anabaptist Mennonite Encyclopedia Online (https://www.gameo.org), 1996–.

Kraybill, Donald B., *Concise Encyclopedia of Amish, Brethren, Hutterites, and Mennonites*, Baltimore, Maryland: Johns Hopkins University Press, 2010.

Hege, Christian et al. (Hgg.), *Mennonitisches Lexikon*, 4 Bde., Frankfurt am Main und Weierhof: Selbstverlag/ Karlsruhe: Heinrich Schneider, 1913–1967; Bd. 5, hg von Hans-Jürgen Goertz (https: www.mennlex.de) 2010–.

Roth, John D. and James M. Stayer (eds.), *A Companion to Anabaptism and Spiritualism 1521–1700*, Leiden: Brill, 2007.

日本語文献

池田智『アーミッシュの人びと――「従順」と「簡素」の文化』サイマル出版会，1995 年

イシガ・オサム『神の平和――兵役拒否をこえて』日本図書センター，1992 年

石川明人『キリスト教と戦争――「愛と平和」を説きつつ戦う論理』中公新書，2016 年

大河原眞美『アメリカ史のなかのアーミッシュ――成立の起源から「社会的忌避」をめぐる分裂・分立の歴史まで』明石書店，2018 年

踊共二「アーミシュの起源――寛容思想史の視点から」『武蔵大学人文学会雑誌』42 巻 1/2 号(2012 年)，91〜115 頁

――「起きなかった脱魔術化――メノナイトとアーミッシュの反近代史」『武蔵大学人文学会雑誌』51 巻 2/3/4 号(2020 年)，1–61 頁

――――「ジェンダー史からみた宗教改革急進派――スイス兄弟団・フッター派・メノナイト」『武蔵大学人文学会雑誌』53巻3/4号(2022年), 1-37頁
――――「再洗礼派のディアスポラと社会的モビリティ――チューリヒのランディス家の場合」『西洋史学』274号(2023年), 19-39頁
北御門二郎『ある徴兵拒否者の歩み――トルストイに導かれて』みすず書房, 2009年
木寺廉太『古代キリスト教と平和主義――教父たちの戦争・軍隊・平和観』立教大学出版会, 2004年
倉塚平ほか編訳『宗教改革急進派――ラディカル・リフォメーションの思想と行動』ヨルダン社, 1972年
倉塚平ほか訳『宗教改革著作集8 再洗礼派』教文館, 1992年
黒﨑真『マーティン・ルーサー・キング――非暴力の闘士』岩波新書, 2018年
小坂幸三『アーミッシュとフッタライト――近代化への対応と生き残り戦略』明石書店, 2017年
小関隆『徴兵制と良心的兵役拒否――イギリスの第一次世界大戦経験』人文書院, 2010年
小山晃佑『神学と暴力――非暴力的愛の神学をめざして』森泉弘次・加山久夫編訳, 教文館, 2009年
坂井信生『アーミッシュの文化と社会――機械文明に背を向けるアメリカ人』ヨルダン社, 1973年
榊原巌『良心的反戦論者のアナバプティスト的系譜』平凡社, 1974年
佐々木陽子編著『兵役拒否』青弓社, 2004年
鈴木範久編『最初の良心的兵役拒否――矢部喜好平和文集』教文館, 1996年
津山千恵『戦争と聖書――兵役を拒否した灯台社の人々と明石順三』三一書房, 1988年
出村彰『再洗礼派――宗教改革時代のラディカリストたち』日本基督教団出版局, 1970年
同志社大学人文科学研究所編『戦時下抵抗の研究1――キリスト者・自由主義者の場合』みすず書房, 1978年
中野毅ほか編『占領改革と宗教――連合国の対アジア政策と複数の戦後世界』専修大学出版局, 2022年
中村喜和『武器を焼け――ロシアの平和主義者たちの軌跡』山川出版社, 2002年
永本哲也ほか編『旅する教会――再洗礼派と宗教改革』新教出版社, 2017年

西村裕美『小羊の戦い――17世紀クェイカー運動の宗教思想』未来社，1998年
――『灯火とともに闇のなかを――二つの世界大戦にみる英米の良心的兵役拒否者』花伝社，2022年
広島女学院百年史編集委員会編『広島女学院百年史』広島女学院，1991年
森田安一編『ヨーロッパ宗教改革の連携と断絶』教文館，2009年
渡辺久丸『兵役拒否の人権化は世界の流れ――国際人権法・憲法からみる』文理閣，2009年

アインシュタイン，アルバート，ジグムント・フロイト『ひとはなぜ戦争をするのか』浅見昇吾訳，講談社学術文庫，2016年
アブエライシュ，イゼルディン『それでも，私は憎まない――あるガザの医師が払った平和への代償』高月園子訳，亜紀書房，2014年
イ・ヨンソク『兵役拒否の問い――韓国における反戦平和運動の経験と思索』森田和樹訳，以文社，2023年
ウィンク，ウォルター『イエスと非暴力――第三の道』志村真訳，新教出版社，2006年
エラスムス『平和の訴え』箕輪三郎訳，岩波文庫，1961年
カント，イマヌエル『永遠の平和のために』丘沢静也訳，講談社学術文庫，2022年
ガンジー，アルン『おじいちゃんが教えてくれた 人として大切なこと』桜田直美訳，ダイヤモンド社，2024年
ガンディー，マハトマ『わたしの非暴力〈新装合本〉』森本達雄訳，みすず書房，2021年
キング，コレッタ・スコット編『キング牧師の言葉』梶原寿・石井美恵子訳，日本基督教団出版局，1993年
キング，マーティン・ルーサー『汝の敵を愛せよ』蓮見博昭訳，新教出版社，1965年
クラウゼヴィッツ，カール・フォン『戦争論』(上中下)篠田英雄訳，岩波文庫，1968年
クレイビル，ドナルド・Bほか『アーミッシュの赦し――なぜ彼らはすぐに犯人とその家族を赦したのか』青木玲訳，亜紀書房，2008年
サイダー，ロナルド・J『平和つくりの道』棚瀬多喜雄編訳，棚瀬江里哉共訳，いのちのことば社，2004年
――『イエスは戦争について何を教えたか――暴力の時代に敵を愛するということ』後藤敏夫解説，御立英史訳，あおぞら書房，2021年
シャープ，ジーン『非暴力を実践するために――権力と闘う戦略』谷口真紀訳，彩流社，2022年

ゼア，ハワード『責任と癒し――修復的正義の実践ガイド』森田ゆり訳，築地書館，2008 年
ソロー，H・D『市民の反抗 他五篇』飯田実訳，岩波文庫，1997 年
ダライ・ラマ 14 世『愛と非暴力――ダライ・ラマ仏教講演集』三浦順子訳，春秋社，1990 年
トゥキュディデス『歴史』(上下)小西晴雄訳，ちくま学芸文庫，2013 年
トルストイ，レフ・ニコラエヴィチ『神の国は汝等の衷にあり』北御門二郎訳，冬樹社，1973 年
バックウォルター，ラルフ『バイバイ，おじちゃん――ラルフ・バックウォルター詩集』矢口以文訳，響文社，1986 年
ホッブズ，トマス『リヴァイアサン』(上下)加藤節訳，ちくま学芸文庫，2022 年

外国語文献

Ausbund: das ist: Etliche schöne Christliche Lieder, 13. Auflage, Verlag von den Amischen Gemeinden in Lancaster County, Pennsylvania, 1987.
Beachy, Leroy, *Unser Leit. The Story of the Amish*, 2 vols, Millersburg, Ohio: Goodly Heritage Books, 2011.
Braght, Thieleman J. van, *Het bloedig tooneel, of Martelaers Spiegel der Doops-gesinde of weereloose Christenen*, Amsterdam, 1685.
Brock, Peter, *Against the Draft: Essays on Conscientious Objection from the Radical Reformation to the Second World War*, Toronto: University of Toronto Press, 2006.
Cates, James A., *Serving the Amish: A Cultural Guide for Professionals*, Baltimore, Maryland: Johns Hopkins University Press, 2014.
———, *Serpent in the Garden: Amish Sexuality in a Changing World*, Baltimore, Maryland: Johns Hopkins University Press, 2020.
Chandra, Sudhir, *Violence and Non-Violence across Time: History, Religion and Culture*, London: Routledge, 2020.
Chernus, Ira, *American Nonviolence. The History of an Idea*, Maryknoll, New York: Orbis Books, 2005.
Dellsperger, Rudolf und Hans R. Lavater (Hgg.), *Die Wahrheit ist untödlich. Berner Täufer in Geschichte und Gegenwart*, Bern: Simowa Verlag, 2007.
Detweiler, Richard C., *Mennonite Statements on Peace 1915–1966. A Historical and Theological Review of Anabaptist-Mennonite Concepts of Peace Witness and Church-State Relations*, Eugene, Oregon: Wipf and Stock, 2020.
Driedger, Leo, and Donald B. Kraybill, *Mennonite Peacemaking. From Quietism to Activism*, Scottdale, Pennsylvania, Herald Press, 1944.

Eine unparteiische Lieder-Sammlung zum Gebrauch beim Oeffentlichen Gottesdienst und Häuslichen Erbauung, Lancaster, Pennsylvania: Johann Bär's Söhnen, 1876.

Enns, Fernando, Nina Schroeder-van't Schip, and Andrés Pacheco-Lozano, *A Pilgrimage of Justice and Peace. Global Mennonite Perspectives on Peacebuilding and Nonviolence*, Eugene, Oregon: Pickwick Publications, 2023.

Fisher, Jonathan, *A Trip to Europe and Facts Gleaned on the Way*, New Holland, Pennsylvania, 1911.

———, *Around the World by Water. And Facts Gleaned on the Way*, Middlebury, Indiana, 1937.

Friesen, Leonard G., *Mennonites in the Russian Empire and the Soviet Union. Through Much Tribulation*, Toronto: University of Toronto Press, 2022.

Furlong, Saloma Miller, *Why I Left the Amish: A Memoir*, East Lansing, Michigan: Michigan State University Press, 2011.

Garrett, Ruth Irene and Rick Farrant, *Crossing Over. One Woman's Exodus from Amish Life*, New York: HarperCollins, 2003.

Gates, Helen Kolb et al.(eds.), *Bless the Lord, O my Soul. A Biography of John Fretz Funk. 1835–1930. Creative Pioneer for Christ and Mennonite Leader*, Scottdale, Pennsylvania: Herald Press, 1964.

Goossen, Benjamin, *Chosen Nation: Mennonites and Germany in a Global Era*, Princeton, New Jersey: Princeton University Press, 2017.

Goossen, Rachel Waltner, *Women Against the Good War. Conscientious Objection and Gender on the American Home Front, 1941–1947*, Chapel Hill, North Carolina: The University of North Carolina Press, 1997.

Graber, Joseph Daniel, *We Enter Japan*, Elkhart, Indiana: Mennonite Board of Missions and Charities,1950.

Gratz, Delbert L, *Bernese Anabaptists and Their American Descendants*, Scottdale, Pennsylvania: Herald Press, 1953.

Gregory, Brad S., *Salvation at Stake. Christian Martyrdom in Early Modern Europe*, Cambridge: Harvard University Press, 1999.

Hartzler, H. Harold, *Amishman Travels Around the World: The Life of Jonathan B. Fisher*, Masthof Press, 1991.

Hartzler, J. S., *Mennonites in the World War or Nonresistance Under Test*, Scottdale, Pennsylvania: Mennonite Publishing House, 1922.

Hershberger, Emily, "Neo-Anabaptist Approach to Missions. Ralph and Genevieve Buckwalter and the Hokkaido Mennonite Church, 1949–1980," in: *Mennonite Quarterly Review* 78/3(2004), 385–414.

Hershberger, Franklin Guy, *War, Peace, and Nonresistance: A Classic Statement*

of a Mennonite Peace Position in Faith and Practice, Scottdale, Pennsylvania: Herald Press, 2009.
Horsch, John, *Die biblische Lehre von der Wehrlosigkeit*, Scottdale, Pennsylvania: Mennonitische Verlagsanstalt, 1920.
———, *The Principle of Nonresistance as held by the Mennonite Church*, Scottdale, Pennsylvania: Mennonite Publishing House, 1927.
Hostetler, John A., *Amish Roots. A Treasury of History, Wisdom, and Lore*, Baltimore, Maryland: The John Hopkins University Press, 1989.
———, *Amish Society*, Baltimore, Maryland: Johns Hopkins University Press, 4tth edition, 1993.
Jantzen, Mark and John D. Thiesen, *European Mennonites and the Holocaust*, Toronto: University of Toronto Press, 2021.
Klaassen, Walter (ed.), *Anabaptism in Outline. Selected Primary Sources*, Scottdale, Pennsylvania: Herald Press, 1981.
Klopfenstein, Jacques, *L'Anabaptiste, ou le Cultivateur par Expérience, almanach nouveau pour l'an de grâce 1823*, J. P. Clerc, 1822.
Koop, Karl, *Confessions of Faith in the Anabaptist Tradition 1527–1660*, Kitchener, Ontario: Pandora Press, 2006.
Kopstadt, Hugo, *Hermann von Beckerath. Ein Lebensbild*, Braunschweig: George Westermann, 1876.
Kraybill, Donald B., and Carl Desportes Bowman, *On the Backroad to Heaven. Old Order Hutterites, Mennonites, Amish, and Brethren*, Baltimore, Maryland: Johns Hopkins University Press, 2001.
Kraybill, Donald B., Karen M. Johnson-Weiner, and Steven M. Nolt, *The Amish*, Baltimore, Maryland: Johns Hopkins University Press, 2013.
Kurlansky, Mark, *Nonviolence. The History of a Dangerous Idea*, London: Vintage Publishing, 2007.
Lehman, James O., and Steven M. Nolt, *Mennonites, Amish, and the American Civil War*, Baltimore, Maryland: Johns Hopkins University Press, 2007.
Leu, Urs B., und Christian Scheidegger (Hgg.), *Die Zürcher Täufer 1525–1700*, Zürich: TVZ, 2007.
Lichdi, Diether Götz, *Mennoniten im Dritten Reich. Dokumentation und Deutung*, Weierhof: Selbstverlag, 1977.
Lichdi, Diether Götz, Bernd Röcker und Astrid von Schlachta (Hgg.), *Schweizer Brüder in fremder Heimat, Mennoniten im Kraichgau*, Bolanden-Weierhof und Sinsheim: Mennonitischer Geschichtsverein Heimatverein Kraichgau, 2018.
Lowry, James W. (ed.), *Hans Landis. Swiss Anabaptist Martyr in Seventeenth*

Century Documents, Millersburg, Ohio: Ohio Amish Library, 2003.
MacMaster, Richard K., Samuel L. Horst, and Robert F. Ulle, *Conscience in Crisis. Mennonites and Other Peace Churches in America, 1739–1789: Interpretation and Documents*, Scottdale, Pennsylvania: Herald Press, 1979.
Mannhardt, Hermann G., *Die Wehrfreiheit der altpreußischen Mennoniten. Eine geschichtliche Erörterung*, Marienburg und Danzig: Edwin Groening, 1863.
Mecenseffy, Grete, und Matthias Schmelzer (Hgg.), *Quellen zur Geschichte der Täufer*, Bd. 14, Österreich, III. Teil, Gütersloh: Gerd Mohn, 1983.
Meier, Marcus, *Die Schwarzenauer Neutäufer. Genese einer Gemeindebildung zwischen Pietismus und Täufertum*, Göttingen:Vandenhoeck & Ruprecht, 2008.
Moore, Ray A., *Soldier of God. MacArthur's Attempt to Christianize Japan*, Portland, Maine: MerwinAsia, 2011.
Musser, Daniel, *Non-resistance Asserted*, Lancaster, Pennsylvania: Elias Barr & Co., 1864.
Neufeld, Jacob A., *Path of Thorns. Soviet Mennonite Life Under Communist and Nazi Rule*, Toronto: University of Toronto Press, 2014.
Nolt, Steven M., *A History of the Amish*, New York: Good Books, 3rd edition, 2016.
Odori, Tomoji, "God's Vengeance and Forgiveness for Enemies. A new Perspective on the Anabaptist Contribution to the Development of religious Toleration and Reconciliation," in: *Religious Interactions in Europe and the Mediterranean World: Coexistence and Dialogue from the 12th to the 20th Centuries*, ed. by Katsumi Fukasawa, Benjamin J. Kaplan, and Pierre-Yves Beaurepaire, New York: Routledge, 2017, 49–65.
Oved, Yaacov, *The Witness of the Brothers. A History of Bruderhof*, London: Routledge, 2012.
Packull, Werner O., *Hutterite Beginnings. Communitarian Experiments During the Reformation*, Baltimore, Maryland: Johns Hopkins University Press, 1995.
Roberts, Terri, *Forgiven. The Amish School Shooting, a Mother's Love, and a Story of Remarkable Grace*, Minneapolis, Minnesota: Bethany House Publishers, 2015.
Sanger, S. F., and Daniel Hays, *The Olive Branch of Peace and Good Will to Men: Antiwar History of the Brethren and Mennonites, During the Civil War, 1861–1865*, Whitefish, Montana: Kessinger Publishing, 2008 (Elgin, Illinois: Brethren Publishing House, 1907).
Schlabach, Theron F., *Peace, Faith, Nation: Mennonites and Amish in Nine-*

teenth-Century America, Scottdale, Pennsylvania: Herald Press, 1988.
Schlachta, Astrid von, *Täufer. Von der Reformation ins 21. Jahrhundert*, Tübingen: Narr Francke Attempto Verlag, 2020.
Séguy Jean, *Les assemblées anabaptistes-mennonites de France*, Paris: La Haye, Mouton, 1977.
Sigrist, Christoph, *Die Zurcher Bibel Von 1531. Entstehung, Verbreitung und Wirkung*, Zürich: TVZ, 2011.
Snyder, C. Arnold (ed.), *The Legacy of Michael Sattler*, Walden, New York: Plough Publishing House, 2019.
Stayer, James M., *Anabaptists and the Sword*, 2nd edition, Lawrence: Coronado Press, 1976.
Stoltzfus, Duane C. S., *Pacifists in Chains: The Persecution of Hutterites during the Great War*, Baltimore, Maryland: Johns Hopkins University Press, 2013.
Strübind, Andrea, *Eifriger als Zwingli: Die Frühe Täuferbewegung in der Schweiz*, Berlin: Duncker & Humblot, 2003.
Unruh, Heinrich B., *Fügungen und Führungen. Benjamin Heinrich Unruh, 1881–1959*, Detmold: Verein zur Erforschung und Pflege des Russlanddeutschen Mennonitentums, 2009.
Wälchli, Philipp, Urs B. Leu und Christian Scheidegger (Hgg.), *Täufer und Reformierte im Disput. Texte des 17. Jahrhunderts über Verfolgung und Toleranz aus Zürich und Amsterdam*, Zug: Achius, 2010.
Weaver-Zercher, David L., *Martyrs Mirror. A Social History*, Baltimore, Maryland: Johns Hopkins University Press, 2016.
Weigelt, Horst, *Von Schlesien nach Amerika. Die Geschichte des Schwenckfeldertums*, Köln/Weimar/Wien: Böhlau, 2007.
Wenger, J. C. (ed.), *Complete Writings of Menno Simons*, Scottdale, Pennsylvania: Herald Press, 1956.
Williams, George Huntston, *The Radical Reformation*, 3rd edition, Kirksville, Missouri: Sixteenth Century Journal Publishers, 1992.
Wust, Klaus, and Heinz Moos (eds.), *Three Hundred Years of German Immigrants in North America. 1683–1983*, Baltimore, Maryland: Heinz Moos Publishing, 1983.
Yoder, Elmer S., *I saw it in The Budget*, Hartville, Ohio: Diakonia Ministries, 1990.
Zieglschmid, Andreas Johannes Friedrich (Hg.), *Die älteste Chronik der Hutterischen Brüder. Ein Sprachdenkmal aus frühneuhochdeutscher Zeit*, Ithaca, New York: Cayuga Press, 1943.

図版出典

巻頭　再洗礼派（メノナイト）の洗礼式の様子．アムステルダムのシンゲル教会（第 5 章扉）の内部を描いたシモン・フォッケの銅版画（1743 年）．アムステルダム国立美術館蔵．

図 1–4，図 2–2，第 3 章扉　アムステルダム国立美術館蔵．

第 6 章扉　Mennonite Church USA Archives（https://www.flickr.com/photos/mennonitechurchusa-archives/5573857003/）．

第 7 章扉　Mennonite Community Photographs, 1947–1953: Service. HM4–134 Box 1 Photo 030–15. Mennonite Church USA Archives - Goshen. Goshen, Indiana.

図 7–1　Digital image at Mennonite Church USA Archives, North Newton, Kansas（https://civilianpublicservice.org/camps/57/1）．

図 7–2　Jonathan Fisher, *Around the World by Water. And Facts Gleaned on the Way*, Middlebury, Indiana, 1937, 68.

図 7–3　踊共二「失われた故郷を探して――メノナイトとアーミッシュの大西洋横断ネットワーク」『武蔵大学総合研究所紀要別冊』（2021 年），99 頁．

図 7–4　Photo by Mario Tama/Getty Images.

終章扉　日本キリスト教団大津教会（https://otsuchurch.sakura.ne.jp/?page_id=74）．

第 1 章扉，図 1–1，図 1–2，第 2 章扉，図 2–1，図 3–1，図 3–2，図 3–3，図 3–4，第 4 章扉，図 4–1，図 4–2，第 5 章扉，図 6–1，図 6–2　筆者撮影．

図 1–3，図 5–1　パブリックドメイン．

第 1 章扉裏地図　Cornelius Krahn et al, eds, *Mennonite Encyclopedia*, Vol. 2, Scottdale, Pennsylvania: Herald Press, 1956, 256 をもとに作成．

第 2 章扉裏地図　Josephine Chipman, *The Mennonite Selbstschutz in the Ukraine 1918–1919*, MA Thesis, University of Manitoba, 1988, 43–44 をもとに作成．

第 4 章扉裏地図　エリザベスタウン大学 The Young Center の統計をもとに作成（https://groups.etown.edu/amishstudies/statistics/population-2023/）．